地方公営企業の経済学

足 立 泰 美

大阪公立大学出版会

内　容

序章　地方公営企業経営の展望と課題 1
　1．需要主導型からリスク管理型への転換 1
　2．地方公営企業経営における料金収入と一般財源 3
　3．適正な負担、歳出の抑制、経営戦略のすべてが不可欠 7
　4．将来の需要を見据えた公共施設等総合計画 10
　5．本書の視角：公定価格と公共施設の維持・更新の実証分析 12

第1部　使用料金の設定と改定 15

第1章　公共事業における公定価格と価格設定 16
　1．公共料金の概要 16
　2．総括原価方式と資金収支積み上げ方式 20
　3．総括原価・料金算定・料金体系 24
　4．資産維持費・減価償却費・長期前受戻入 29

第2章　総括原価方式と公定価格 33
　1．料金改定・企業債・一般会計繰入 33
　2．収益的収支と資本的収支 40
　3．仮説・推計モデル・データの概要 51
　4．推計結果 59

第2部　経費負担の原則と財政運営 63

第3章　病院事業における地方公営企業会計と財政措置 64
　1．病院事業の概要 64
　2．病院事業運営と財政措置 66
　3．仮説・推計モデル・データの概要 76
　4．推定結果 85
　5．病院事業運営と効率化 88

第4章　下水道事業における価格設定と財政措置 95
　1．使用料水準と経費回収率 95
　2．経費負担の原則と維持管理 99
　3．推計モデルと変数 108
　4．推計結果 113

第3部　広域化と民営化 117

第5章　施設維持・更新と広域化 118
　1．広域化の種類と効果 118
　2．施設の維持・更新と広域化 122
　3．下水道事業の広域化 128
　4．奈良県の事例 131

第6章　施設の維持・更新と民営化 135
　1．民営化の種類と効果 135
　2．PFI事業の実施体制 144
　3．福知山市の事例 149

第7章　水道事業の受水負担と財政運営 152
　1．水道事業における給水事業体制 152
　2．用水供給事業団と末端給水事業団 153
　3．推計モデルと変数 159
　4．推計結果 166

最終章　結論と提言 171
　1．地方公営企業の財源と給付の政策評価 171
　2．ポスト「公共施設総合管理計画」の指針 172
　3．まとめ 174

参考文献 177
初出一覧 186
あとがき 187
著者紹介 189

序章 | 地方公営企業経営の展望と課題

１．需要主導型からリスク管理型への転換

　我が国では、公衆衛生の向上を目指し、水源の確保と保全、計画的な施設拡張、効率的な運営管理を推進することで、ほぼ 100% の水道普及率を達成し、24 時間の給水を実現してきた。また、持続可能な開発目標（SDGs）において掲げられる「すべての人々が水と衛生施設を利用できることと、その持続可能な管理の確保」にも対応しており、独立行政法人国際協力機構（JICA）は『日本の水道事業の経験』として、これを報告している。

　だが、著しい人口減少と深刻化する施設の老朽化が進むなか、私たちの日常生活を支えるライフインフラの再評価が迫られている。国土交通省「令和4 年版 日本の水資源の現況」によれば、水道水をそのまま飲める国は、日本を含めわずか 11 カ国にすぎない。「蛇口をひねれば安全な水が出る」という当たり前の感覚に対し、危機感が高まりつつある。急速な老朽化が進む一方で、現状の維持・更新を続けるだけでは、2050（令和 32）年には約 6割の水道管が法定耐用年数を超えると日本水道協会は試算している。全国に張り巡らされた総延長約 74 万キロメートルの水道管のうち、地方公営企業法が定める法定耐用年数 40 年を超えたものの割合は、2020（令和 2）年度時点で全体の約 25% に達し、これは 10 年前の 2.5 倍以上に相当する。

　法定耐用年数は、更新時期を判断する重要な基準だ。ただし、耐久性は材質や土壌条件によって異なるため、実際の使用可能年数は一律ではない。それでも、耐用年数を超えた老朽化が進めば、破損や漏水といった問題が発生するリスクが高まる。厚生労働省「全国の水道施設の更新費の推計結果」によると、2021（令和 3）～2050（令和 32）年度の 30 年間にわたり水道施設の更新には年間 1.8 兆円が必要であり、これは過去 10 年間（2011（平成 23）～2020（令和 2）年度）の平均投資額を毎年約 5,000 億円上回る。厚生労働省は、持続可能な水道事業を実現するには、各事業者が中長期的な財政見通しに基づき、効率的かつ効果的な施設管理を行うことが不可欠であるとし、「水道事業におけるアセットマネジメントに関する手引き」を公表

し、ライフインフラの再評価を求めている。地方公共団体を中心とした水道事業者は、将来の水需要を考慮しつつ、施設規模の適正化や統廃合による投資圧縮と計画的な維持・更新を進めている。

このような警鐘は、以前より鳴らされてきた。水循環基本法（2014（平成26）年7月施行）の第12条に基づき、国土交通省水管理・国土保全局水資源部は、日本の水需給や水資源開発の現状、そして早急に対応すべき課題について、毎年、報告書を公表している。国土交通省「令和4年版（2022年）日本の水資源の現況」によれば、水資源開発基本計画に基づき半世紀以上にわたり整備されてきたダムや水路は、概ね計画を達成した。しかし、近年では気候変動による深刻な渇水や地震などの自然災害に加え、老朽化による大規模事故といった新たなリスクが顕在化している。

2015（平成27）年には「今後の水資源政策の在り方について」が発表され、従来の需要主導型の水資源開発から、水の安定供給を目指したリスク管理型への転換が図られた。その後、2017（平成29）年には「リスク管理型の水の安定供給に向けた水資源開発基本計画のあり方」に関する答申が行われ、国土交通省は新たなリスク管理型の計画として、全7水系6計画の抜本的な見直しに着手した。これを契機に、大規模な維持・更新が求められる時代へと突入した。

一方で、人口減少に伴う給水人口の減少が進む中、インフラの維持・更新には多額のコストが必要となる。この負担は水道料金という形で住民にのしかかる。2023（令和5）年時点では、家庭用水道料金（1カ月あたり20立方メートル）の最も高い北海道夕張市の6,966円に対し、最も安い兵庫県赤穂市の869円には、約8倍もの開きがある。EY新日本監査法人および水の安全保障戦略機構事務局の試算によれば、2046（令和28）年までに約96%の事業体が水道料金の値上げを行う可能性があり、その値上げ率は2018（平成30）年度比で全国平均40%以上に達するとされている。特に、北海道、中国、四国地方で料金の値上げ率が高くなると予測されている。

人が住む限り、その地域には水が必要である。しかし、インフラ設備の老朽化はますます進行している。総務省「経営戦略策定ガイドライン」は、効率的な維持・更新を進めるため、生活基盤を集約する議論の重要性を指摘している。今後、持続可能な水インフラを実現するためには、さらなる議論と

計画的な実行が不可欠であろう[1]。

2．地方公営企業経営における料金収入と一般財源

　地方公共団体は、自主的かつ総合的に、地域住民に身近な行政サービスを提供する役割を担う。行政運営に必要な経費を網羅する一般会計を用いて、福祉、警察、消防、教育などの一般的な行政サービスを提供している。しかし、それにとどまらず、地方公共団体はさらに重要な役割を果たしている。

　地方公営企業は、地方公共団体が経営する企業の総称であり、水の供給、下水の処理、医療機関の運営など、日常生活に不可欠な社会インフラの確保にも寄与している。表1は、各事業の供給規模を示したものである。2020（令和2）年度末における地方公営企業の決算規模は18兆751億円であり、これは地方公共団体の普通会計歳出決算額の約2割に相当する。なかでも、上水道事業、下水道事業、病院事業が大きな割合を占めている。

　地方公営企業は、「住民の福祉の増進を目的として設置・経営される企業であり、一般行政事務に要する経費が租税によって賄われるのに対し、財貨やサービスの対価である料金収入によって維持される」としている[2]。

　地方公営企業には、地方公営企業法の規定が適用される法適用事業と、適用されない非法適用事業がある。法適用事業には、法律上当然に適用される場合（以下、当然適用とする）と、地方公共団体の自主的な判断で適用される場合（以下、任意適用とする）がある。また、適用される規定の範囲には、法の規定の全てを適用する場合（以下、全部適用とする）と、法の規定のうち財務・会計に関する規定のみを適用する場合（以下、財務適用とする）が

1　Bardhan（2002）は、公共サービスの提供や地域経済の発展には、地方レベルでの意思決定権の移譲が寄与することを、理論的および実証的研究から評価している。菅原（2019）では、地方自治体と地方公営企業の間に存在するプリンシパル－エージェント問題を取り上げ、これが経営効率に与える影響を考察している。

2　遠山（1994）は、地方議会から独立した公営企業の自主化によって、経営改善が可能であるとしている。衣笠（2010）では、地方公営企業の経済的役割とその運営について説明している。倉本・足立・齋藤（2020）では、上水道、病院、公共交通事業を取り上げ、地方公営企業における規模の経済や範囲の経済等の効率性分析を整理し報告指定している。

表 1　地方公営事業別供給規模

事　　業	指　　標	全　　事　　業	左記に占める公営企業等の割合
水道事業	現在給水人口	1 億 2,437 万人	99.6%
工業用水道事業	年間総配水量	41 億 91 百万 m³	99.9%
交通事業（鉄軌道）	年間輸送人員	177 億人	10.2%
交通事業（バス）	年間輸送人員	33 億人	20.1%
電気事業	年間発電電力量	8,454 億 9 百万 kWh	0.9%
ガス事業	年間ガス販売量	9 億 36 百万 MJ（メガジュール）	1.5%
病院事業	病床数	1,510 千床	13.5%
下水道事業	汚水処理人口	1 億 1,637 万人	90.5%

出典）総務省「令和 4 年度地方財政白書」「地方公営企業等の現状と課題」をもとに作成

ある[3]。例えば、水道事業（簡易水道事業を除く）や工業用水道事業などは法の規定の全てが適用されるが、病院事業には財務規定のみが適用される。地方公営企業法の適用事業は、企業会計方式に準じて予算・決算を編成し、経理の運営を行うことが求められる。

　地方公営企業の経費は、受益者からの料金収入で賄う独立採算を原則とし、一般会計とは区分して事業ごとに特別会計を設けることが基本である。この仕組みにより、経費と収入の対応、経営成績、および財務状態が明確となる。また、条例により財務規定を除く法の規定を適用することが可能である[4]。

　公営企業会計方式を採用する地方公営企業は、官庁会計方式を採用する一般会計とは異なる。図 1 は、公営企業会計と官庁会計の相違点を示してい

3　総務省「地方公営企業法の概要及び経営改革の推進に係るこれまでの取組」によれば、地方自治法、地方財政法の特例としての公営企業に係る通則法等で地方公営企業法が制定され①水道事業、②軌道事業、③自動車運送事業、④地方鉄道事業、⑤電気事業、⑥ガス事業の 6 事業のうち、常時雇用される職員数が一定数以上の企業について、法の規定の全部を当然適用（法定事業）とされ、これ以外は、条例で定めるところにより、法の規定の全部または一部を任意適用とされていた。その後、繰り返し改正が行われ、適用範囲が拡大されてきた。

4　下水道事業および簡易水道事業を重点事業とし、人口 3 万人以上には 2019（令和元）年度まで、人口 3 万人未満の地方公共団体には 2024（令和 6）年度までに、地方公営企業会計への移行が進められている。

る。公営企業会計は、まず発生主義と複式簿記を採用している。会計処理は、従来の官庁会計（現金主義・単式簿記）から、公営企業会計（発生主義・複式簿記）へと移行し、経済活動の発生に基づいて経理が行われるようになった。複式簿記とは、取引を原因と結果に分け、仕訳ごとに記録し、帳簿へ転記することで、財務諸表を作成する一連の手続きを指す。

	官庁会計	公営企業会計
作成主体	首長	取締役
報告主体	住民	株主
団体の目的	住民の福祉の増進	利潤追求
説明責任	議会の承認・認定（予算・決算） →事前統制（予算）の重視	株主総会の承認（決算） →事後統制（決算）の重視
財務報告の目的	行政目的に則した予算の執行、監視、評価	企業活動の財務状況の報告および説明
記帳方式	単式簿記 ＝歳入・歳出の科目別に記帳する方式	複式簿記 ＝取引事象の原因・結果を記帳する方式
認識基準	現金主義 ＝現金の入出金に基づいて記録する。	発生主義 ＝取引事象の発生に基づいて記録する。
決算書類	歳入歳出決算書 歳入歳出決算事項明細書 実質収支に関する調書 財産に関する調書	貸借対照表 損益計算書 株主資本等変動計算書 キャッシュ・フロー計算書

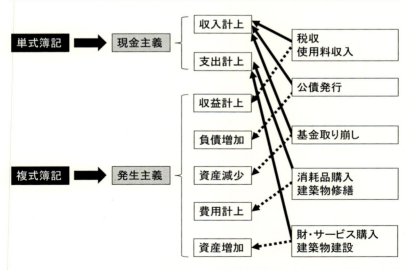

図1　官庁会計と公営企業会計における単式簿記・複式簿記と現金主義と発生主義の関係
出典）総務省「公営企業等の現状と課題」総務省「経営形態見直しに当たっての課題と対応」ならびに総務省「地方公営企業法の適用に関するマニュアル」をもとに作成

次に公営企業会計は、損益取引（収益的収支予算［3条予算］）と資本取引（資本的収支予算［4条予算］）に区分される。損益計算書（P/L: Profit and Loss statement）はフローを、貸借対照表（B/S: Balance Sheet）はストックを表している。損益計算書は一定期間の経営状況を示し、貸借対照表は特定の時点における財政状態を示す。具体的には、損益計算書は、一事業年度における経営成績を明らかにするため、期間中の収益および費用を記載する。損益計算書を通じて事業の経営活動を把握でき、過去の経営を分析し、将来の事業方針を策定することが可能である。貸借対照表は、特定の時点における資産、負債、資本など、事業が保有する財産を総括的に示す。資産は、事業経営の活動手段としての資金の運用形態（例：土地、建物、現金等）を指し、負債および資本は資産がどのように調達されたかを示している（例：資本金、企業債等）。キャッシュ・フロー計算書は、一事業年度における資金収支を活動区分別に示した報告書で、現金の収入および支出に関する情報を得ることができる。このように公営企業会計は、管理運営に係る取引（損益取引）と建設改良等に係る取引（資本取引）を区分経理することで、当該事業年度の経営成績を把握する。

　最後に公営企業会計は、経費負担の区分を採用している。地方公営企業は、企業としての経営に加え、住民福祉を目指す一般行政活動としての公共的役割も担う。このため、経費の負担区分に基づき、一般会計からの繰り出しが認められている。経費負担区分の経費とは、企業の経営収入で充てることが適当でない経費および効率的な経営が困難である経費を指す。これらは補助金、負担金、出資金、長期貸付金などの方法で一般会計等が負担する。前者には消火栓等の経費が含まれ、後者には病院事業の不採算医療等の経費が含まれる。経費負担区分の繰出基準は、毎年度、総務省から各地方公共団体に通知される。

　このように、利潤追求を目的とする公営企業会計は、事後統制を重視し、取引事象の発生時点で記録する複式簿記のもと、発生という事実に基づいて事業活動を測定し、決算は財務諸表で公表される。貸借対照表、損益計算書、株主資本等変動計算書、キャッシュ・フロー計算書などの財務諸表に加え、附属明細書や経営報告などの決算情報も示される。主要財源は、原則として公営企業繰出金で地方財政計画に計上され、経費負担の原則に基づく経費は地方交付税の基準財政需要額への算入または特別交付税で措置される。それ

以外の経費は、公営企業の経営に伴う収入とされる[5]。

3．適正な負担、歳出の抑制、経営戦略のすべてが不可欠

　地方公営企業における経営の効率化は必須である。総務省「人口減少社会等における持続可能な公営企業制度のあり方に関する研究会報告書」および「公営企業各事業における現状と課題及び抜本的な改革における論点・課題」によれば、従来のサービス拡大を前提とした時代から、人口減少に伴う料金収入の減少や、施設・設備の老朽化による更新投資の増大に直面し、適正な負担と効率的なサービス提供を目指した抜本的改革への転換の時代が到来している。

　地方公営企業は、将来にわたる持続可能性を見据えたストックマネジメントを目指し、公営企業の「見える化」、経営基盤の強化、財政運営の向上を軸に、適切な原価計算に基づいた料金水準の設定や、広域化および民間活用といった経営戦略に取り組み始めている。

　公営企業の「見える化」とは、経営戦略に基づく計画的かつ合理的な方針のもと、各種指標を活用して経営状況や資産の実態、更新費用を明確に把握することである。経営基盤の強化は、事業の意義と必要性を精査しつつ、長寿命化や事業の廃止、民営化、広域化を通じて計画を策定することにある。財政運営の向上では、料金回収率の適正水準を維持しつつ、投資的経費を考慮した料金算定が重要となる。

　現在、さらなる経営改革の推進が求められており、経営戦略の策定や抜本的改革の検討が進められている。経営戦略の策定では、地方公営企業が将来にわたり安定して事業を継続するため、中長期的な経営基本計画に基づく戦略が必要である。具体的には、図2のように以下の取り組みが挙げられる。

5　菅原（2013）では、借入資本金制度等の地方公営企業法の改正の影響を論じている。借入資本金制度の見直しでは、義務付け・枠付けの見直しにかかわる減債基金への積立義務の廃止がとられたのち、利益剰余金の使途制限の廃止が図られ、借入資本金の性格を変更させた上で、借入資本金を廃止するという2段階で行われた。

1．PDCA サイクルの確立
2．長期間（事業の性格や個別事情に応じて、原則として 30〜50 年以上）にわたる複数パターンの投資試算および財源試算の実施、それらの結果と積算根拠の明示
3．一般会計の企画および財政担当部局等との連携による投資・財政計画の策定
4．計画の各段階における議会および住民への説明
5．都道府県による市町村への積極的支援を通じた経営戦略の策定・改定

　このとき、計画期間内に現行料金体系で財源を確保できない場合には、料金の見直しが不可欠となる。また、財政・投資計画の策定において収支ギャップが生じた場合、その解消に向けた取り組み方針を明記する必要がある。
　さらに、水道事業、簡易水道事業、下水道事業、交通事業（自動車運送事業）、電気事業、観光施設事業（休養宿泊施設事業）、駐車場整備事業及び病院事業、工業用水道事業の 9 分野において、経営比較分析表の作成及び公表が求められている。
　加えて、抜本的な改革の検討も求められている。地方公営企業が行う事業の意義、事業としての持続可能性、経営形態を検証し、今後の方向性を具体的に定めることが課題となっている。事業の意義とは、提供しているサービスの必要性を各事業の特性に応じて検証し、その結果、意義や必要性がないと判断された場合には速やかに事業の廃止等を行うとしている。一方で、事業やサービスの継続が必要と判断された場合でも、収支や採算性、さらには将来性を考慮して、民営化や民間譲渡を検討することが求められる。
　事業の持続可能性については、人口減少に伴う料金収入の減少、施設の更新需要や老朽化の進行、制度改正による影響など、経営上の課題を総合的に勘案し、事業としての継続可能性を検証する。持続可能性に問題があると判断された場合には、事業の必要性に応じて、廃止を検討するか、または持続可能なものとするための改革に着手する必要がある。
　経営形態の検証については、人口減少や施設の更新需要の増大など、公営企業を取り巻く経営環境が厳しさを増す中で、現在の経営形態を前提とした改革のみでは、将来にわたる住民サービスの確保が困難になる場合がある。この場合、事業統合や施設の統廃合・共同設置、施設管理の共同化、管理の

序章　地方公営企業経営の展望と課題

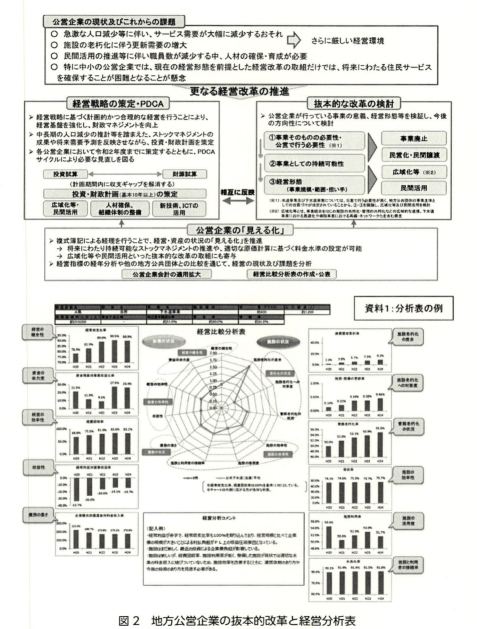

図2　地方公営企業の抜本的改革と経営分析表
出典）総務省「地方公営企業等の現状と課題」より抜粋

一体化といった広域化の手法や、指定管理者制度、包括的民間委託、コンセッションを含む PPP/PFI 方式などの民間活用を検討する必要がある。

４．将来の需要を見据えた公共施設等総合計画

　急激な人口増加を迎えた 1950~80 年代、上水道、下水道、病院など地方公営企業による公共施設が整備された。そして現在、建設から 50 年を経て維持・更新の時代に突入している。高度経済成長期に建設された公共施設の老朽化は急速に進行している。一方で、地方公共団体の財政状況は、社会保障経費の増大や COVID-19、自然災害への対応などにより厳しさを増している。このような中、公共施設の老朽化対策についても、総量適正化や、新設から廃止に至るまでの費用縮減が共通の課題となっている。インフラ長寿命化基本計画（2013（平成 25）年）の策定を受け、翌 2014（平成 26）年には、公共施設の更新、統廃合、長寿命化を含む公共施設等総合管理計画の策定が地方公共団体に求められた。2020（令和 2）年時点で、都道府県や市区町村の 99.9% がこの計画を策定済みである。さらに 2022（令和 4）年、「公共施設等総合管理計画の策定にあたっての指針の改訂等について」（総財務第 43 号）が改訂され、脱炭素化の推進方針が記載事項に追加された。公共施設等適正管理推進事業債にも脱炭素化事業が新たに加わり、総合管理計画および実行計画に基づく事業が条件とされた。

　公共施設は住民の福祉増進を目的とした一般行政サービスとして設けられ、住民全般が利用するものである。このような公共施設について、地方公共団体は地域住民への影響を考慮し、小規模施設と比較的大規模な施設を区分しながら、維持・管理の基本方針を定めてきた。しかし、公共施設の適正化においては、短期的な利益を優先する傾向が見られる。これにより、将来世代への過大な負担が懸念される。人口減少が進み、公共サービスの提供体制が大きな転換期を迎えている今こそ、公共施設の維持・更新において将来の需要を見据えた戦略的な見直しが不可欠である。

　これは地方公営企業が運営する施設にも該当する。地方公営企業の公共施設は、利用者から対価を得て、その事業収入で運営されている。水道事業、下水道事業、病院事業など地方公営企業の多くは独立採算方式を採用し、料金収入で経費を賄う仕組みとなっている。しかし、地方都市では人口減少に

より水道料金収入が長期的な減少傾向にある。施設の固定費が高いため、給水人口が減少すると赤字が生じ、老朽化したインフラの更新に必要な財源の確保が課題となる。このような経営環境の中、水道料金の値上げが各地で実施され、検討も進められている。2021（令和3）年度の全国の水道施設への投資額は約1.3兆円で、10年前から3割増加している。現状の経営を続けた場合、30年後には利用者への料金が3倍になると試算される地域もある。抜本的な経営改善には、料金値上げに加えて、企業債を活用した施設改修計画の見直しや、サービス提供体制の最適化が求められる。

　公共施設の適正化には、統廃合、複合化・多機能化、用途転用、他地方公共団体との広域連携、長寿命化、指定管理者制度やPPPの活用など、多様な手法がある。たとえば、民間活力の導入が挙げられる。地方公共団体は施設削減を目指し、統廃合を進める中で官民連携や民間資本の導入を検討している。民間調査機関が提供するハザードマップや人口予測分析、地図情報などが地方公共団体に活用されており、これらを基に複数施設を防災、都市計画、施設管理の観点から評価し、維持や統廃合の判断材料としている。

　民間企業も、新設需要の減少が続く中、既存施設の補強や改修需要、さらには有効活用に向けたソリューション提案を強化し、市場の維持を図っている。また、地方公共団体や住民との合意形成を支援し、施設マネジメント事業の拡大も狙っている。鹿島建設はその一例であり、公共施設の統廃合案を策定する際に、オープンデータや地理情報を活用した分析システムを開発し、自社の地震被害予測サービスと組み合わせてまちづくりに貢献している。

　このような抜本的な経営効率化の取り組みは、地方公営企業にも波及している。宮城県は2022（令和4）年に上水道、下水道、工業用水など9事業を対象にコンセッション方式を導入し、運営を民間に委託した。この契約では浄水場の運転管理、薬品調達、設備修繕などの業務を20年間一括委託し、337億円の経費削減を見込んでいる。しかし、水道事業へのコンセッション導入は宮城県に限られる。導入ノウハウの不足や、水道民営化に対する住民の抵抗感が要因である。また、経営統合を含む事業の広域化も各地で検討が進んでいる。

　香川県は全国で初めて県全域で水道事業を統合した。北信越5県では老朽化した水道管の課題に対し、それぞれ異なる対応を行っている。福井県福井市は「福井市水道事業ビジョン2020」で、耐震性の高い長寿命管の更新

基準を最大100年とする計画を策定した。富山県射水市は2019（令和元）年に水道料金の検針や設備管理業務を包括的に民間委託した。長野県では長野市、上田市、千曲市、坂城町が2021（令和3）年に水道事業の広域化研究会を共同で立ち上げた。

5．本書の視角：公定価格と公共施設の維持・更新の実証分析

　人口減少を背景に、需要の低下と料金収入の低迷が予想されるなか、老朽化と自然災害による公共施設の維持・更新が大きな課題となっている。本書の目的は、分析対象である地方公営企業において、財源の確保とサービス提供体制の実態を明らかにし、持続可能な財政補填および財政支援の方策を検討することにある。本節の分析の視点は、（1）料金設定の妥当性、（2）財政措置の適正化、（3）効率的なサービス提供体制に置かれている。「分析の背景」「分析の対象」「分析の視点」の関係は図3に示されている。

　序章では、地方公営企業を取り巻く現状と背景、展望および課題を概観する。続いて、各地方公営企業の公定価格と算定基準との関係を俯瞰する。第1部「料金設定の妥当性」では、各事業の価格設定の仕組みとその算定基準を示したうえで、第1章では総括原価方式と公定価格の関係を、第2章では水道事業の料金設定の仕組みを通じて、料金設定の妥当性を検討する。第2部「財政措置の適正化」では、経費負担の原則に注目する。地方公営企業では、経費負担の原則に基づき、「その性質上、企業の経営収入で賄うことが適当でない経費」や「能率的な経営を行っても、その経営収入だけでは賄うことが困難と認められる経費」について、一般会計からの繰入が認められている。そこで、第3章では病院事業を、第4章では下水道事業を取り上げ、経費負担の原則に基づく財政措置がソフトな予算制約を引き起こしているかを検証する。急速な人口減少が進む中、地方公共団体には、将来の人口動向を見据えた持続的発展を目指し、公共施設の維持・更新を進めることが求められている。そこで、第3部「効率的なサービス提供体制」では、広域化と民営化を取り上げる。第5章では広域化に着目し、各企業団で行われている広域化の実態や事例を示し、適切なサービス提供体制について考察する。第6章では民営化に焦点を当て、公共施設の老朽化対策におけるインセンティブ構造と維持・更新規模の決定要因を分析する。第7章では、実

序章　地方公営企業経営の展望と課題

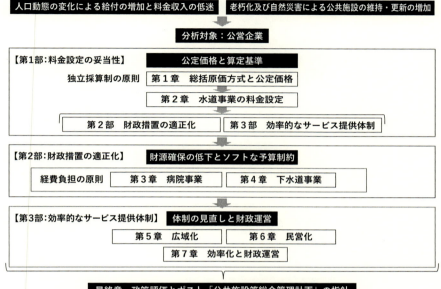

図3　本刊行物の概要

際の個票データを用い、地方公営企業の供給体制が各事業団の財政運営に与える影響を示し、供給体制の効率化の必要性を明らかにする。

　最終章では、第1章から第7章の分析で得られた結論をまとめる。さらに、昨今、激甚化・頻発化している自然災害や老朽化問題を踏まえ、「インフラ長寿命化基本計画」に関する課題を整理し、ポスト「インフラ長寿命化基本計画」に向けた政策的示唆を提示することが本節の最大の目的である。

第 1 部

使用料金の
設定と改定

第1章 公共事業における公定価格と価格設定

1．公共料金の概要

　人口減少に伴う料金収入の減少と老朽施設の維持・更新にかかる費用により、各事業体の財務状況は悪化している。水道事業や下水道事業などの費用逓減産業は、施設にかかる固定費が高いため、給水人口が減少すれば赤字に陥りやすい。市町村などが運営し、料金収入で経費を賄うことを原則としている水道事業や下水道事業において、料金の見直しが相次いでいる。需要の減少による料金収入の低下や老朽化設備の更新に伴うコスト増加により、現行の料金体系は限界を迎えつつある。一度料金を引き上げても、人口減少が続けば、経営体質を改善しない限り、さらなる値上げが必要になるであろう。そこで第1部では、使用料金の設定について検討する。

　公共料金の改定とは、「物価問題に関する関係閣僚会議」を経て、行われる。昨今、公共料金は繰り返し改定されている。2023（令和5）年6月には、電力料金が全国的に大幅に改定された。（株）北海道電力をはじめ、（株）東北電力、（株）東京電力エナジーパートナー、（株）北陸電力、（株）中国電力、（株）四国電力及び（株）沖縄電力に至るまで、規制料金の改定が行われた。この際の値上げ率は、東京が14%である一方、北陸では40%を超えている。

　公共料金の改定は閣僚会議だけでなく、消費者庁「公共料金の改定状況」によれば、諸官庁と消費者庁の協議によっても検討・実施されてきた。例えば、2024（平成6）年3月には、北陸新幹線の特急料金や名古屋鉄道の運賃が改定された。公共交通機関だけではなく、翌月の4月には、高等学校用検定教科書の定価（最高額）の設定も行われた。

　公共料金とは、国および地方公共団体等の公的機関が、料金や価格の水準の決定・改定に直接関与するものを総称していう。例えば、電気料金、鉄道運賃、都市ガス料金、乗合バス運賃、高速道路料金などが含まれる。本来、需要と供給が完全競争市場のもとで最適に機能していれば、料金は効率的な資源配分のもとで調整され、決定・改定される。しかし、全国で必要とされるサービスでありながら、市場で最適な資源配分が行われない場合、政府の

介入が必要となる。公共料金もその一例である。

　公共料金は日常生活に深く影響を及ぼすため、その決定・改定は運営主体だけで決められるものではない。法的にも慎重に対応するための仕組みが整備されている。例えば、物価統制令（1946（昭和21）年）、生活関連物資等の買占めおよび売惜しみに関する緊急措置法（1973（昭和48）年）、国民生活安定緊急措置法（1973（昭和48）年）の「物価三法」は、価格等の安定を確保するために制定された。

　消費者基本法（昭和43年法律第78号）第16条では、「国は、国民の消費生活において重要度の高い商品及び役務の価格等について決定、認可その他の措置を行う際に、消費者に与える影響を十分に考慮するよう努める」と規定されている。また、同法第16条第2項では、消費者基本計画の作成において、公共料金の新規設定や変更に関する認可が消費者への影響を十分に考慮して行われるべきとされている。実際、消費者庁は毎年、品目ごとに生活関連物資の価格動向を把握している。

　公共料金の多くは長期にわたり横ばいで推移してきた。その背景には、物価水準の変動が長年抑制されてきたことがある。値上げは物価水準と連動するが、日常の家計に与える圧迫を考慮し、物価変動には一定の規制が検討されてきた。公共料金は規制の下にあり、収益性の確保だけでなく、負担の公平性も求められるため、サービス価格の引き上げは容易ではない。例えば、値下げと組み合わせた料金改定や消費者に対する丁寧な説明が重要となる。

　公共料金の決定過程には、透明性が確保されている。消費者基本計画では「公共料金等の新規設定および変更に係る決定、認可等は、消費者基本法の趣旨を踏まえ、消費者への影響を十分に考慮し、決定過程の透明性を確保すること」とされている。図1.1で示すように、消費者庁から消費者委員会へ付議し、公共料金等専門調査会で審議を行ったうえで、物価問題に関する関係閣僚会議に付議する流れとなっている。これにより、公共料金の決定は透明性が担保され、消費者が参画する機会が保障される仕組みが整えられている。したがって、地域独占の事業体が過剰な利益を得ることがないように国が審査を行い、事業者の一存で料金を設定することはできない仕組みをとっている。

　表1.1は、関係閣僚会議に付議する公共料金の例である。例えば、2019（令和元）年には、消費税率の引き上げに伴う公共交通運賃（鉄道、バス、タクシー）の改定及びJRの運賃改定のために、物価問題に関する会議が開催された。

17

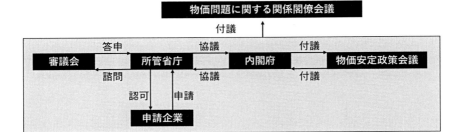

図 1.1　公共料金の決定・改定

出典）消費庁「第 59 回公共料金等専門調査会 説明資料」および足立（2021）をもとに作成

表 1.1　物価問題に関する公共料金

決定方法	規制	分類	決定・承認機関	例
法律規定	完全	法定料金	国	社会保険診療報酬、介護報酬、国立学校授業料、政府買入・売渡価格等
条例規定	完全	条例料金	地方公共団体	公立水道料金、公立学校授業料、公衆浴場入浴料等
事業者申請・官庁審査・国認可	一部	認可料金	国	電気料金、電気通信料金、都市ガス料金　鉄道運賃　乗合バス運賃　高速自動車道料金　タクシー運賃　郵便料金（第 3 種・第 4 種郵便料金）
事業者届出	一部	届出料金	事業者	電気通信料金（上記および一般第二種電気通信事業除く）国内航空運賃　郵便料金（第 1 種・第 2 種郵便料金）

出典）消費庁「第 59 回公共料金等専門調査会　説明資料」「公共料金の改定等について」足立泰美（2021）「公共事業における料金決定と適正な価格体系」をもとに作成

　消費者庁「公共料金に関する研究会報告書　公共料金の決定の在り方について」および「公共料金等専門調査会報告：消費者参画の機会、料金の適正性の確保に向けて」によれば、公共料金の決定・改定においては、消費者の負担の公平性や合意形成が重要な課題となっている。
　実際に料金の決定・改定を行う際には、財務分析および経営分析、財務シミュレーションの作成、料金改定案の策定、外部審議会への諮問および答申、議会での説明、条例改正議案の上程および可決、さらには広報等による市民への周知という手順で進められる。つまり、料金改定には議会および住民の理解が不可欠である。さらに、経営状況を「見える化」し、議会および住民に適切なプロセスで料金改定の必要性を説明し、理解を得ることが求められている。

第 1 章　公共事業における公定価格と価格設定

　そこでは、中長期的に持続可能なサービスの提供を前提とし、将来の更新財源を一定程度確保するための更新費用、損益や資金の推移を示す必要があろう。外部審議会では事業管理者からの諮問を受けて答申が行われ、その後議会において運営条例の改正が審議される。これらの説明においては、一定の経営努力（定員の適正化、外部委託の推進に伴うコスト縮減、料金徴収の徹底、資産の利活用など）を併せて記すことが重要である。

　表 1.2 で示すように、行政関与による公共料金は、各サービスの決定方法に基づき、法定料金、条例料金、認可料金、および届出料金に大別される。国による完全規制のもとで、法律によって価格が決定される料金を法定料金という。例えば、社会保険診療報酬や介護報酬が該当する。地方公共団体による完全規制のもとで、条例により価格が制定される料金は条例料金と呼ばれ、水道料金や学校授業料などがこれに該当する。

　また、事業者が申請を行い、官庁が審査をして国が認可する一部規制のもとで実施される料金は認可料金に分類される。具体的には、電気料金や電気通信料金が挙げられる。さらに、一部規制のもとで事業者の届け出によって決まる料金を届出料金といい、国内航空運賃や郵便料金が該当する。

　法定料金と条例料金は、国および地方公共団体が法律や条例に基づき価格を規定する完全規制価格である。一方、認可料金と届出料金は一部規制価格であり、認可料金では価格改定に国の認可が必要であるが、届出料金では価格改定を国に届け出ることで足りる。このような公共料金の対象となるサービスは、需要の価格弾力性（価格変化に対する反応度）が低く、必需性が高い傾向がある。

表 1.2　行政関与による公共料金分類

決定方法	規制	分類	決定・承認機関	例
法律規定	完全	法定料金	国	社会保険診療報酬、介護報酬、国立学校授業料、政府買入・売渡価格等
条例規定	完全	条例料金	地方公共団体	公立水道料金、公立学校授業料、公衆浴場入浴料等
事業者申請・官庁審査・国認可	一部	認可料金	国	電気料金、電気通信料金、都市ガス料金　鉄道運賃　乗合バス運賃　高速自動車道料金　タクシー運賃　郵便料金（第 3 種・第 4 種郵便料金）
事業者届出	一部	届出料金	事業者	電気通信料金（上記および一般第二種電気通信事業除く）　国内航空運賃　郵便料金（第 1 種・第 2 種郵便料金）

出典）消費庁「第 59 回公共料金等専門調査会 説明資料」および足立（2021）をもとに作成

19

公共料金の決定・改定は、日常生活に密接に関わり、家計の消費に直接的な影響を及ぼすことから、多くの消費者にとって重要な関心事項である。消費者基本計画においても、決定過程の透明性の確保、消費者参画の機会の確保、料金の適正性の確保を目指している。

　公共料金の独占性と公共性に鑑みると、その決定内容と根拠について説明責任を果たすことが求められている。しかし、現状では決定・改定の仕組みが分かりやすいとは言い難い。次節では、これら公共料金における価格体系について検討する。

2．総括原価方式と資金収支積み上げ方式

　公共サービスの運営主体は、民間企業、地方公営企業、独立行政法人、第三セクターなどに大別される。公的機関が提供するサービスの対価として設定される価格を公共料金と呼ぶ。料金の算定方法は、総括原価方式と資金収支積み上げ方式の2種類に区分される。

　総括原価方式は、料金算定要領などに基づいて料金を計算する手法であり、水道事業で広く採用されている。一方、資金収支積み上げ方式は、料金算定期間における収支均衡を基盤とする方法であり、下水道事業で用いられている。どちらの方式でも、大幅な料金改定は使用者に影響を与えるため、収支の均衡を保つことが大きな課題となる。

　料金のあり方については、料金体系や料金の見直しを含めた多様な議論が行われてきた。料金体系においては、算定手法の選定、基本料金と従量料金の設計、対象原価の検討、段階別料金の導入などが論点となっている。料金見直しでは、基本的な考え方やスケジュール、審議会の運営、議会や住民の理解が重要な要素として挙げられる。

　各運営主体が料金を徴収する根拠については、例えば地方公共団体の場合、地方公営企業法に基づいて定められている。同法第21条第1項では、地方公営企業の給付に対して地方公共団体が財務に関する事項の料金を徴収できると規定している。第21条第2項では、公共料金が公正かつ妥当で、能率的な経営のもとで適正な原価を基礎に健全な運営を確保できるものでなければならないと定めている。原価とは、営業費や支払利息など事業に要する費用を指し、資金収支の不足額をそのまま料金原価に含めることは適切で

はないとされる。内部留保については、地方公営企業が健全な経営を維持するために必要な資金を確保するため、料金に適正な事業報酬を含めることが認められている。

　地方公営企業の料金には、地方自治法第225条の使用料に該当するものが含まれる。同法第228条では、料金に関する事項は条例で定める必要があると規定されており、料金の決定は他の事業法や法令の適用を排除していないことが明記されている。地方公営企業では、必要な費用を料金収入で賄うことを基本として事業運営が行われている。

　公共料金は、サービスを受けた者が利用した量に応じて支払う「受益者負担の原則」と、事業経営に必要な費用を補助金に頼らず収入で賄う「独立採算制の原則」に基づいて決定される。前述の通り、料金の算定には資金収支積み上げ方式と総括原価方式が用いられている。

　資金収支積み上げ方式は、算定期間内の全ての現金収支を積み上げ、その収支を計画期間内で均衡させることを目的として料金を算定する方法である。一方、総括原価方式は、能率的な経営のもとで適正な原価を基礎に、効率的な事業に要する費用と適正な事業報酬を合算して算定する方法である。具体的には、営業費（燃料費、設備費、運転費、人件費など）に適正な利潤を加え、料金収入以外の収入を差し引いて料金を計算する[6]。

　表1.3で示すように、地方公営企業における料金の決定には、電気事業、ガス事業、水道事業、工業用水道、ならびに下水道事業で総括原価方式が採用されている。電気事業では電気事業法第22条の卸供給の供給条件に基づき、ガス事業ではガス事業法第17条の供給約款に基づき、水道事業では水道法第114条の供給規定に基づいて料金が設定されている。また、工業用水道では工業用水道事業法第117条の供給規定、下水道事業では下水道法第20条の使用料金に基づき、いずれも総括原価方式を原則として料金が決定されている。各事業では法令に基づき、具体的な算入項目を定め、それに基づいて料金を計算している。

　総括原価方式は、料金の根拠が明確であり、運営コストを料金に反映させ

6　宇野（2022）では、簡易水道の財政運営、なかでも一般会計繰出に注目し、簡易水道の導入目的、発展してきた経緯、さらには、人口減少問題に対しての対応と動向を解説している。

表 1.3　地方公営企業における料金の決定

	電気事業	ガス事業	水道事業	工業用水道	下水道事業
法的根拠及び手続					
根拠法	電気事業法等の一部を改正する法律附則第18条（特定公立供給約款）電気事業法第18条（託送供給等約款）	ガス事業法第17条（供給約款）	水道法第14条（供給規定）	工業用水道法第17条（供給規定）	下水道法第20条（使用料）
通知	みなし小売電気事業者特定小売供給約款算定規則一部配送電事業託送供給等約款料金算定規則	一般ガス事業供給約款料金算定規則一般ガス事業ガス料金算定要項一般ガス事業供給約款料金審査要項	水道料金算定要項（日本水道協会）	工業用水道料金算定要項	下水道使用料算定の考え方（日本水道協会）
手続き	電気料金設定には経済産業大臣の認可が必要	都市ガス料金設定には経済産業大臣の認可が必要	地方公共団体は条例で定め、開始時は厚生労働大臣の認可、変更時は届出	地方公共団体は条例で定め、開始時・変更時は経済産業大臣に届出	地方議会の議決の下、地方公共団体の条例で定める
料金算定方法					
原則	総括原価方式	総括原価方式	総括原価方式	総括原価方式	総括原価方式
規定内容	能率的な経営の下、適正な原価に適正な利潤を加えたものであること	能率的な経営の下、適正な原価に適正な利潤を加えたものであること	効率的な経営の下、適正な原価に照らし公正妥当である	能率的な経営の下、適正な原価に照らし公正妥当である	能率的な管理の下、適正な原価をこえない
算入項目	人件費	人件費	人件費	人件費	人件費
			薬品費	薬品費	薬品費
	購入電力料		動力費	動力費	動力費
	修繕費	修繕費	修繕費	修繕費	修繕費
	燃料費	原材料費	受水費	受水費　負担金	
	減価償却費	減価償却費	減価償却費	減価償却費	減価償却費
			資産消耗費	ダム等水道施設費引当金	流域下水道維持管理負担金
	その他経費	その他諸経費、関連費振替営業外費用、ガス熱量変更引当金	その他営業費用	その他維持管理費	委託料等
	法人税等	法人税等			
	支払利息	借入利息	支払利息	支払利息	支払利息
	事業報酬	紙業報酬	資産維持費	資産維持費	企業債取扱諸費
	株主配当金等	株主配当金等			
料金抑制	事業者同士の効率化を促すヤードスティック方式採用	事業者同士の効率化を促すヤードスティック方式採用	資産維持費の算出にレートベース方式	国庫補助受入事業者は値上時に受水企業に説明	雨水処理には公費

出典）厚生労働省「水道料金の適正化について」および足立（2021）をもとに筆者作成

第1章　公共事業における公定価格と価格設定

るため、事業者が赤字に陥りにくい仕組みとなっている。つまり、事業主体が効率的に業務を運営すればコストが削減され、公共料金の価格を抑えられる可能性がある。これは、消費者の効用を高める観点から望ましいといえる。しかし、事業報酬は事業資産に一定の報酬率を掛けて算出される仕組みであるため、過剰な設備投資が促進されやすく、経営努力による市場競争が働きにくいという側面もある。

　地方公営企業は原則として独立採算が求められているが、実際には多くの事業体で料金を低く抑えるために他会計繰入金や国および都道府県からの補助金が営業的収入に投入されている。さらに、設備投資に対しても、資本的収入への補助金が収益的収入として計上されている。もし収益に対する補助金投入が常態化する場合、営業費用や投資の減価償却費が料金に十分反映されていない可能性がある。

　過度な料金抑制は財政負担の拡大を招き、将来的に設備投資の抑制やサービスの質の低下をもたらす恐れがある。そこで、総括原価方式に加え、表1.4に示すように、料金水準を規制する手法としてヤードスティック査定やプライスキャップ制度が採用されている。

　ヤードスティック査定とは、各事業者が提示する原価を個別に査定し、単価の水準と変化率を点数化する方法である。この手法のメリットは、事業者が利潤を確保できる点にある。しかし、最も評価の高い事業者に対しては、コスト削減のインセンティブを十分に与えることができないという課題がある。

　プライスキャップ制度とは、行政が物価上昇率、生産性向上率、費用情報

表1.4　民間市場と公共料金

規定	対象	自由度	特徴
届出制＋料金変更命令	国内航空　電気通信	大	事業者間の不当競争また利用者間の格差のある料金設定には変更命令を実施
プライスキャップ規制	電気通信（一部料金）	↑　事業者の自由度　↓	上限範囲内の届出による料金変更可能
ヤードスティック査定＋上限認可制	鉄道　バス		―
ヤードスティック査定＋個別認可制（引き上げ時）	電気　ガス		―
政府による定め・認可	水道　郵便　高速道路	小	法令・条例で定める。事業者の独占的恣意的な料金設定のチェック

出典）消費庁「第59回公共料金等専門調査会 説明資料」および足立（2021）をもとに筆者作成

23

などに基づき、上限価格を事前に設定する方法である。この制度では、上限価格方式による料金規制の対象となるサービスを提供する事業者が、その料金水準を上限価格以下に抑える限り、自由に料金を設定することが可能である。上限価格方式では、各事業者が料金水準を上限価格以下に維持しながらコストを低減することで、超過利潤を得られる仕組みがあるため、自主的な効率化努力を促すインセンティブ方式の一つとされる。

　事業者は料金設定における柔軟性が与えられることで、適切な料金の再調整や効率的な料金体系の実現が期待される。このように、総括原価方式は総収入と総括原価が等しくなるように公共料金を設定する仕組みであり、総収入が総括原価を超えないようにする上限価格規制という制約を課している。

　しかし、上限価格の決定方法によっては、高価格が維持され、過大な利潤をもたらす恐れがある。また、昨今の企業会計制度の変更、COVID-19によるライフスタイルの変化、自然災害の激甚化、デジタルトランスフォーメーション（DX）などにより、公共事業を取り巻く環境は大きく変化している。今後、一層公共インフラの老朽化が進む中で、サービスの品質も含めた公共料金の設定は、ますます重要な課題となるであろう。次節では、地方公営企業における水道事業を例に、料金体制について具体的に検討する。

3．総括原価・料金算定・料金体系

　水道法第1条の目的規定には、清浄で豊富かつ低廉な水の供給が明記されている。この考えに基づき、各事業者は受益者負担の原則と独立採算の原則に従い、効率的な経営のもと、適正な原価を踏まえた公正妥当な料金の決定や改定が求められている。

　地方公営企業法第21条第2項では、料金は公正妥当であるとともに、能率的な経営のもとでの適正な原価を基礎とし、地方公営企業の健全な運営を確保できるものでなければならないと規定されている。また、水道法第14条第2項第1号でも、料金は能率的な経営のもとでの適正な原価に基づき、健全な経営を確保できる公正妥当なものであることが定められている。

　能率的な経営のもとでの適正な原価とは、公益事業としてなすべき努力を行ったうえで必要な営業費用や、水道施設の計画的な更新などの資本費用を原資として、内部留保すべき額を含む総括原価を指す。健全な経営の確保と

は、適切な資産管理に基づき、水道施設の維持管理や計画的な更新を実施するとともに、水道事業の運営に必要な人材を確保し、継続的なサービス提供が可能となるように水道事業を経営することをいう。公正妥当とは、能率的な経営のもとでの適正な原価および需要者に適正に配分された料金体系の両面から判断し、料金と需要者が受けるサービスの調和が取れていることを指す。

このような目的規定のもと、総括原価とは、図1.2で示すように、水道法施行規則第12条第1号に基づき、料金が以下の要素で構成されている。①に掲げる額と②に掲げる額の合算額から③に掲げる額を控除して算定された額を基礎として、合理的かつ明確な根拠に基づき設定される。

①の額とは、人件費、薬品費、動力費、修繕費、受水費、減価償却費、資産減耗費、その他営業費用の合算額をいう。②の額とは、支払利息と資産維持費（水道施設の計画的な更新などの原資として内部留保すべき額）の合算額を指す。③の額とは、営業収益の額から給水収益を控除した額をいう。

料金の決定・改定は、事業者が独自に決定できるものではなく、議会の議決を経たうえで使用料を条例で定める必要がある。また料金を変更する場合には、厚生労働大臣への届け出が求められている（地方自治法第228条）。公益社団法人日本水道協会「水道料金算定要項」によれば、水道料金の算定は、使用料対象経費を算出した後に使用料体系に基づいて設定されるとしている。この算定は、図1.3に示すような一連の流れに従って行われる。

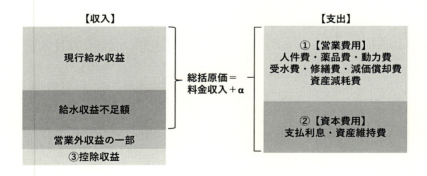

図1.2　総括原価の考え方

出典）神戸市「専門部会資料のまとめ」および神戸市「専門部会資料のまとめ」より抜粋

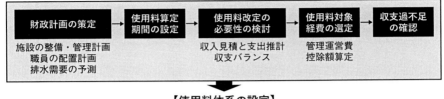

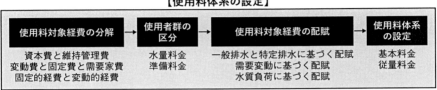

図 1.3　料金算定の一連の流れ

出典）公益社団法人日本水道協会「下水道使用料算定の基本的考え方 2016 年度版」をもとに作成

　使用料対象経費の算出では、使用料算定期間を設定し、需給計画の基本方針を定めた後に、財政収支を見積もるといった一連の財政計画を作成することが求められる。財政計画には、施設の整備計画や管理計画、職員の配置計画、排水の需要予測を踏まえた計画の策定や確認、使用料算定期間の設定が含まれる。

　具体的には、計画期間を決定し、需給計画を作成した上で、施設の建設・改良計画、財源計画、業務計画を順次作成していく。計画期間とは、財政見込みおよび施設整備見込みの期間を指す。需給計画には、水源確保の見通しを明示し、普及計画および配水計画を作成することが含まれる。施設の建設・改良計画は、新規の拡張計画や既存の改良計画を含むものとする。

　財源計画には、起債計画、国庫補助計画、一般会計収入計画、工事負担均等の資本収入計画があり、それぞれに応じた計画が作成される。業務計画には、施設の維持、業務の運営方針、職員配置計画や業務委託計画が含まれる。これら一連の計画を検討した後に、現行の使用料体系に基づく収支の見積もりを行い、維持管理費や資本費などの支出を踏まえて収支バランスを計算する。

　維持管理費および資本費を含む管理運営費や経費負担の原則に基づいた控除額を算定し、収支過不足を算出した上で使用料体系を検討する。使用料体系の設定では、総括原価方式に基づいて計上された必要原価を分解・配分す

ることにより、従量料金および基本料金を設定する。

　総括原価方式は、料金算定期間中の料金総収入額が、誠実かつ能率的な経営を基本とする営業費用と、事業の健全な運営を確保するために算定された資本費用で構成される適正な総括原価と等しくなるように算定されなければならない。営業費用には、既存の水道施設を維持管理するための費用が含まれ、施設機能別および費用性質別に分類される。

　施設機能別には、原水、浄水、配水および一般管理業務の各部門費用が含まれる。費用性質別には、人件費、薬品費、動力費、修繕費、受水費、減価償却費、通信運搬費、資産減耗費、委託料および手数料が含まれる。各費目の計算方法は次の通りである。

　人件費は、給料、手当、賃金、報酬、法定福利費および退職給付費などの合計額であり、計画期間中の所要人員に1人当たりの平均所要額を乗じて算定する。薬品費は、料金算定期間中の総水量に $1\,\mathrm{m}^3$ あたりの薬品費を乗じて計算する。

　動力費は、施設の個別稼働計画の契約電力量および使用電力量に電力単価を乗じて算出する。修繕費は、稼働固定資産の取得価格に標準的経費係数を乗じた額から、人件費および別途営業費用に算入される費用を控除して算出する。受水費は、受水計画に基づき負担方式および契約方式によって算定される額とする。

　減価償却費は、償却資産の取得価格に対し、原則として定額法で算定する。除却費および棚卸資産減耗費で構成される資産減耗費は、過去の実績や施設の実態を考慮して算定する。その他の通信運搬費、委託料および手数料は、数量や規模に応じて適正な単価または率を乗じて計算する。

　資本費用とは、支払利息および資産維持費の合計額を指し、レート・ベース方式または積み上げ方式で算定される。支払利息には、企業債の利息、取扱諸費、発行差金償却費および一時借入金の利息が含まれる。

　資産維持費は、施設の建設、改良、再構築および企業債の償還に必要な額であり、対象資産に資産維持率を乗じて算出される。資産維持率は、更新・再構築の推進および持続的な給水サービスの確保を実現する水準として、3％ が標準とされる（日本水道協会「水道料金算定要項」）。

　総括原価の分解・振分の工程では、総括原価を需要家費、固定費および変動費に分解し、準備料金と水量料金に配分した上で、基本料金と従量料金に

振り分ける。変動費は、水道の実使用に伴い発生する薬品費、動力費および受水費を指す。固定費は、水道の使用に関係なく施設を維持するために必要な費用であり、施設維持管理費、減価償却費および支払利息が含まれる。需要家費は、水道の使用料に関係なく必要とされる固定経費であり、検針徴収費や量水器、集金改修費などが含まれる。

準備料金は、個別原価計算の基準に基づき、使用水量に関係なく給水準備に必要な原価として各使用者に賦課される料金を指す。水量料金は、実使用量に応じて回収すべき給水量あたりに賦課される料金をいう。

最後に、料金表を作成する。図1.4に示すように、各事業所の料金表は、基本料金と従量料金の料金体系の設定に基づいて作成される。基本料金とは、各使用者の水使用の有無にかかわらず賦課される料金をいう。従量料金とは、実使用水量に単位水量当たりの価格を乗じて算定され、使用水量に応じた水量区画を設けた区画別逓増料金が設定される。

料金体系の設定では、いくつかの選択肢がある。二部料金制か一部料金制の料金区分の選択、用途別か口径別かの選択、さらに単一型、逓増型、または逓減型の従量料金の組立の選択である。この際、基本料金収入と従量料金収入の割合、基本水量、口径別基本料金単価、従量料金の逓増度、水量区画、および用途別料金の検討が重要となる。

総括原価方式にはいくつかの課題が存在する。例えば、原価である。原価

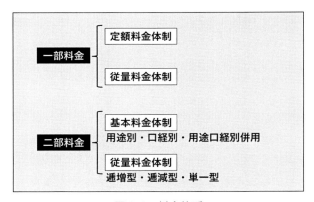

図1.4　料金体系

出典）鈴鹿市上下水道「鈴鹿市上下水道事業経営戦略の策定と料金・使用料の改定について」をもとに作成

とは、損益計算上の営業費および支払利息などの適正な費用を基礎としながらも、金利負担や災害発生、物価上昇などのリスクに直面した場合でも、健全な経営が求められる費用を指す。

健全な経営を確保するためには、一定の事業報酬を必要な資金として内部に留保する考え方が重要となる。特に近年では、公共施設の老朽化が進む中で、民間資金を活用した低コスト運営への転換が進められているが、更新投資の必要性から、将来を見据えた健全な運営を確保する料金として、資産維持費の確保が課題となっている。

現在、資産維持費は、対象資産に資産維持率を乗じて算定されている。対象資産は、料金算定期間の期首および期末の平均残高とされ、資産維持率は日本水道協会により 3% を標準としている。資産維持率は、各水道事業者の創設時期や施設の更新状況を勘案して決定される。事業報酬の水準には、一定の率とするレート・ベース方式と資金ベースとする資金収支方式がある。従来は、経営効率化のインセンティブを付与する観点からレート・ベース方式が採用されてきた。

今後は、給水地域の水源種、取得条件などの費用、水道敷設年次および水道建設費用を踏まえ、各水道事業者の創設時期や施設の更新状況を考慮し、資産維持費を決定することが重要である。次節では、資産維持費を踏まえた料金改定の事例を示す。

4. 資産維持費・減価償却費・長期前受戻入

水道事業や工業用水事業などの地方公営企業は、更新投資などの財源を料金対象原価に含める場合、資産維持費という費目を用いる。資産維持費は、事業を所管する府省などが取りまとめた料金算定要領で提示されている。水道事業では、総括原価に含める資産維持費を、対象資産と資産維持率を乗じて計算される範囲内としている。対象資産は、償却資産額の料金算定期間期首および期末の平均残高とされている。資産維持率は、今後の更新や再構築を円滑に推進し、永続的な給水サービスの提供を確保できる水準として、3% を標準とする。この資産維持率は、各水道事業者の創設時期や施設の更新状況を考慮して決定される。

言い換えれば、中長期の経営見通しを踏まえ、投資などの経費と財源の均

衡を図ることが求められる。地方公営企業は、原則として給水収益、企業債、国庫補助金、工事負担金、繰入金などを財源として経営を行う。減価償却費および資産減耗費などの非現金支出合計額から、長期前受金戻入などの非現金収入を控除した額が内部留保される。純利益は建設改良積立金として積み立てられる。資本的収支不足額が生じた場合には、これらの留保資金と積立金で補填される。

地方公営企業会計では、補助金などで資産を取得した場合、減価償却費と長期前受金を計上し、減価償却に対応する部分を順次収益化する。会計処理では、建物や設備などの資産は長期にわたり企業活動を支えるため、資産取得に伴う収入および支出を単年度の一時的な会計処理とせず、使用期間に応じて収入と支出を割り振る。

例えば、減価償却費や長期前受金戻入の処理がある。管路や設備などの資産は、整備後の経年により資産価値が減少するため、その目減り分を経費として計上する。この経費が減価償却費である。つまり、減価償却費とは、資産の取得に要した経費を、資産の価値の減少に応じて使用期間全体に割り振る帳簿上の処理であり、この費用計上に実際の現金支出は伴わない。

固定資産取得の財源として補助金などを受けた場合、その金額は貸借対照表の負債に長期前受金として計上される。補助金などを活用して取得した管路や設備などの資産は、その効果が後年度にも及ぶため、補助金を後年度に繰り延べて収益化する。この収益化の処理を長期前受金戻入という。

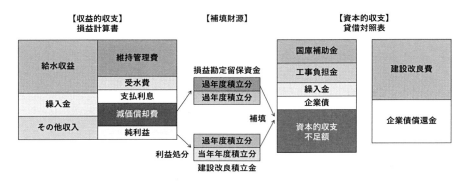

図 1.5 補填財源

出典）神戸市「専門部会資料のまとめ」をもとに作成

長期前受金戻入は帳簿上の処理であり、収益として計上されるが、実際の現金収入ではない。そのため、補助金取得翌年度から、取得資産の耐用年数に応じて費用化される減価償却費に対応して、毎年、損益計算書の収益として長期前受金戻入を計上する。

総括原価の算出は、営業費用および資本費用の合算額から、給水収益以外の収入額を控除した値である。ただし、補助金の減価償却に対応する長期前受金戻入額については、補助金の性質から例外的に控除項目に含めることが認められている。

例えば、表1.5に示すように、料金で賄うべきでない金額（消火栓設置負担金や職員の児童手当）は、原価から控除される。

総務省「水道事業・先進的取組事例集」の一つとして、岩手県の平泉末端給水事業団の資産維持費が紹介されている。当該事業団は、8,050人の行政区域内人口に対して、2人の職員で運営している。運営状況としては、施設利用率が47.7%、有収率が82.4%、営業費用が124,380千円に対し、営業収入は134,913千円を計上している。

同事業団の料金算定（資産維持費）は、自己資本構成比率40%に過去5年間の企業債利率の平均を乗じて資産維持費を算出している。当該事業団は1965（昭和40）年に水道事業を開始して以降、老朽化した水道施設の更新を進めるため、建設改良費の増加が見込まれていた。そのため、2007（平

表1.5 長期前受戻入

項目	内容	控除の有無
工事負担金	水道施設の建設又は改良等に係る費用に対して工事申請者から徴収する負担金	無
消火栓設置工事に係る一般会計負担金	消火栓の設置工事に対する一般会計の負担金（総務省の定める『繰出基準』に基づく）	有
一般会計補助金	職員の児童手当に対する一般会計からの補助金（総務省の定める『繰出基準』に基づく）	有
一般会計出資金	特定の工事に対する一般会計からの補助金（総務省の定める『繰出基準』に基づく）	無
基金繰入金	水道施設の整備等に対して過去の積立基金の充当	無
国庫補助金	特定の工事に対する国からの補助金	無

出典）神戸市「専門部会資料のまとめ」をもとに作成

成 19）年に料金改定を実施し、次回の改定を 2012（平成 24）年度に予定していた。

　しかし、2011（平成 23）年 3 月に東日本大震災が発生し、同年 6 月に世界文化遺産登録による水需要の増加を受けて、改定時期を先送りすることとなった。その後、2013（平成 25）年度の決算では前年度比で純利益が減少し、建設改良費の大半を企業債借入で賄う現行の料金水準では、健全な経営の確保が困難であると判断された。このため、資産維持費を算出し、料金改定を実施することとなった。

　資産維持費について、日本水道協会が策定した水道料金算定要領では、資産維持率を 3% とすることを標準としているが、当該事業団においては改定率が著しく大きくなるため、「標準的な資産維持率により難しい場合は、自己資本構成比率の目標値を達成する額を計上できる」とされている。この規定に基づき、自己資本構成比率の算出方法を採用した。具体的には、対象資産を 2015（平成 27）年度期首と 2019（平成 31）年度期末の平均残高とし、資産維持率を自己資本構成比率 40% に過去 5 年間の企業債利率の平均を乗じて 0.7% とした。この算定方法は、災害などの不測の事態においても 1 年間の経常費用と企業債償還額などを賄える現金預金を保有することを前提としている。

　現金預金保有額は、類似団体の現金預金や給水収益を参考とし、当該事業団の自己資本構成比率が類似団体（66.9%）に比べて低いため、自己資本構成比率を 40% に引き上げることを目標とした。これにより、資産維持費の効果額は 18,163 千円／年と概算されている。資産維持費の活用については、2019（平成 31）年度までに着手する更新工事費に充当することが基本とされている。したがって、料金改定には今後の施設更新時期を踏まえた建設計画の正確な見積もりが必要であり、これら施設の改良費用や企業債償還額を資産維持費として計上することが課題である。

　今後は、経営の安定性を確保する観点からも、資産維持費（事業報酬、資本報酬とも呼ばれる）を原価に適切に繰り入れるべきとの指摘がある。確かに、地方公営企業法適用事業者の経営状態は概ね良好であるが、多くは起債に依存している。本来であれば、減価償却費などの資金を内部留保する必要がある。しかし、実態としてこれらの資金が起債の償還に充てられている。水道料金の算定にあたっては、総括原価に含まれる資産維持費を適切に見直し、減価償却費見合いの資金を内部留保することが課題となるであろう。

第2章 │ 総括原価方式と公定価格

1．料金改定・企業債・一般会計繰入

　総務省「水道事業・先進的取組事例集」の一つとして、岩手県の平泉末端給水事業団の資産維持費が紹介されている。当該事業団は、8,050人の行政区域内人口に対して、2人の職員で運営している。運営状況としては、施設利用率が47.7%、有収率が82.4%、営業費用が124,380千円に対し、営業収入は134,913千円を計上している。同事業団の料金算定（資産維持費）は、自己資本構成比率40%に過去5年間の企業債利率の平均を乗じて資産維持費を算出している。当該事業団は1965（昭和40）年に水道事業を開始して以降、老朽化した水道施設の更新を進めるため建設改良費の増加が見込まれていた。そのため2007（平成19）年に料金改定を実施し、次回の改定を2012（平成24）年度に予定していた。しかし、2011（平成23）年3月に東日本大震災が発生し、同年6月に世界文化遺産登録による水需要の増加を受けて、改定時期を先送りすることとなった。その後、2013（平成25）年度の決算では前年度比で純利益が減少し、建設改良費の大半を企業債借入で賄う現行の料金水準では、健全な経営の確保が困難であると判断された。このため、資産維持費を算出し、料金改定を実施することとなった。

　資産維持費について、日本水道協会が策定した水道料金算定要領では、資産維持率を3%とすることを標準としているが、当該事業団においては改定率が著しく大きくなるため、「標準的な資産維持率により難しい場合は、自己資本構成比率の目標値を達成する額を計上できる」とされている。この規定に基づき、自己資本構成比率の算出方法を採用した。具体的には、対象資産を2015（平成27）年度期首と2019（平成31）年度期末の平均残高とし、資産維持率を自己資本構成比率40%に過去5年間の企業債利率の平均を乗じて0.7%とした。この算定方法は、災害などの不測の事態においても1年間の経常費用と企業債償還額などを賄える現金預金を保有することを前提としている。現金預金保有額は、類似団体の現金預金や給水収益を参考とし、当該事業団の自己資本構成比率が類似団体（66.9%）に比べて低いため、自

33

己資本構成比率を 40% に引き上げることを目標とした。これにより、資産維持費の効果額は 18,163 千円／年と概算されている。資産維持費の活用については、2019（平成 31）年度までに着手する更新工事費に充当することが基本とされている。したがって、料金改定には今後の施設更新時期を踏まえた建設計画の正確な見積もりが必要であり、これら施設の改良費用や企業債償還額を資産維持費として計上することが課題である。

　今後は、経営の安定性を確保する観点からも、資産維持費（事業報酬、資本報酬とも呼ばれる）を原価に適切に繰り入れるべきとの指摘がある。確かに、地方公営企業法適用事業者の経営状態は概ね良好であるが、多くは起債に依存している。本来であれば、減価償却費などの資金を内部留保する必要がある。しかし、実態としてこれらの資金が起債の償還に充てられている。水道料金の算定にあたっては、総括原価に含まれる資産維持費を適切に見直し、減価償却費見合いの資金を内部留保することが課題となるであろう。

　神戸市は、広大な丘陵地が広がる北神地区、緩やかな丘陵と平野部が調和する西神地区、坂が多い六甲南地区から構成されている。これらの地域は高低差が大きく、適切な水圧で水を届けるために、127 か所の配水池と 49 か所のポンプ所が設置されている。

　神戸市の水源は、市内にある 3 つの貯水池の自己水源（20.0 万 m³）に加え、兵庫県営水道（2.84 万 m³）および阪神水道（63.84 万 m³）の 2 つの用水供給事業体からの受水により、1 日当たり 86.7 万 m³ を確保している。このうち、阪神水道企業団からの受水は、東西に長い送水トンネルを利用し、全水源の約 3/4 を賄っている。

　1970〜80 年代に建設された浄水場、配水池、ポンプ場などの基幹施設は、図 2.1 に示されるように、法定耐用年数を超えており、多くの施設で維持・更新が必要な状況にある。2021（令和 3）年時点では、4 か所ある浄水場のうち 1 か所、127 か所ある配水池のうち 10 か所、49 か所あるポンプ場のうち 3 か所、総延長 4,870 km の配水管のうち 1,600 km が法定耐用年数を超えている。

　神戸市では、更新対象および更新量を設定し、多様な工夫を講じている。具体的には、①水道システムの根幹である基幹送水施設や、耐震性を有しない低層配水池の更新、②事故時の影響が大きい大口径管路を中心とした配水管の更新を、優先順位をつけて進めている。配水管の更新については、年間

第 2 章　総括原価方式と公定価格

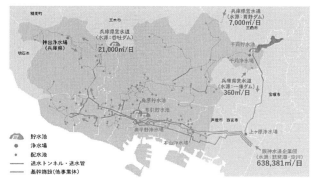

【法定耐用年数を超える施設数・管路延長】

	法定耐用年数	施設数	R3年時点
浄水場	60 年	4 か所	1 か所
配水池	60 年	127 か所	10 か所
ポンプ場	60 年	49 か所	3 か所
配水管	40 年	約 4,870 km	約 1,600 km

図 2.1　神戸市の浄水場、配水池、ポンプ場、配水管等の基幹施設の現状

出典）神戸市「専門部会資料のまとめ」より抜粋

50 km 相当のペースで進捗を図る予定である。

　さらに、①統廃合およびダウンサイジング、②施設の長寿命化を計画的に進めることで費用の平準化を図り、③水道施設の耐震化、④施設規模の適正化を推進している。これらの取り組みにより、神戸市では浄水場、配水池、ポンプ、管路といった施設に対し、将来の人口構造の変化や需要の低下を見据えた維持・更新の適正化を図っている。

35

事業運営においても、①組織再編による効率化、②民間活力の導入、③システムの見直し、④施設統合による管理効率化を実施している。これらの取り組みにより、2000（平成12）年に179億円であった人件費および物件費を、2021（令和3）年には93億円まで削減した。

　神戸市では、組織再編の一環として、給水装置工事の審査・検査業務や料金関係業務の集約化を実施した（2021（令和3）年）。民間活力の導入では、水道修繕受付センター（2008（平成20）年）やお客さま電話受付センター（2013（平成25）年）を開設するとともに、大口径メーター取替業務（2008（平成20）年）、本山浄水場運転管理業務（2010（平成22）年）、メーター閉開栓業務（2014（平成26）年）、メーター資材・倉庫業務（2019（令和1）年）を民間企業へ委託してきた。

　システムの見直しでは、営業オンラインシステムの再構築と漏水調査の見直しを進めた。管理効率化では、上ヶ原浄水場緩速系の廃止や小規模浄水場4施設の休廃止、配水池・減圧槽の統廃合（9施設の休廃止）、ポンプ更新時の台数削減（27台）を実施した。

　さらに、大容量送水管整備工事等への国庫補助や交付金の活用、遊休資産の売却、地下水等併用制度の見直し、阪神水道企業団の分賦金制度における2部制の導入と分賦金水準の引き下げなどの検討も行っている。また、緊急

業務	集約・移転の内容	実施時期
給水装置工事審査関連業務	サービス向上、効率化のため、総合庁舎1か所に集約	R3年 5月
水道料金関係業務	停水業務等を民間委託のうえ、総合庁舎1か所に集約	R4年 1月
配水管等工事関係業務	東部地域、北部地域、西部地域の3事務所に再編	R4年 10月
本庁機能（配水課のみ）	本庁配水課を総合庁舎へ本庁機能を移転	R4年 12月
本庁機能	本庁経営企画課・技術企画課を総合庁舎へ本庁機能を移転	R5年 2月

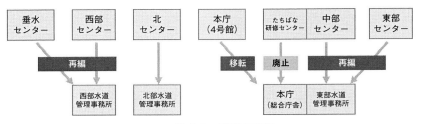

図2.2　組織の再編

出典）神戸市「専門部会資料のまとめ」より抜粋

経営改革を立ち上げ、図 2.2 に示されるように、旧たちばな研修センターを廃止し、水道局総合庁舎に給水装置工事審査関連業務、水道料金関係業務、本庁機能を集約した。配水管工事関係業務は、5 か所のセンターから 3 か所の水道管理事務所へと再編した。

神戸市は、浄水場、配水池、ポンプや管路といった構造的要因に制約がある中で、事業運営の経営効率化を目指し、組織再編、民間活力の導入、システムの見直し、施設統合による組織体制の再構築を検討してきた。

水道事業では、総括原価方式を採用しており、総括原価を総収入で賄うことを原則としている。多くの事業団では、人口減少による水道需要の低下を背景に、給水収益の著しい減少が懸念されている。一方で、浄水場や配水池の運転管理、薬品調達、設備修繕の増加が予測される中、今後の財務運営が課題となっている。

神戸市では、図 2.3 に示されるように、給水収益を算出している。実績値から用途別に有収水量を算出し、供給単価を乗じて給水収益を計算する。そして、浄水場、配水池、ポンプ場、配水管などの建設改良、動力費、減価償却費の増加を踏まえた収益的収支を算出している。

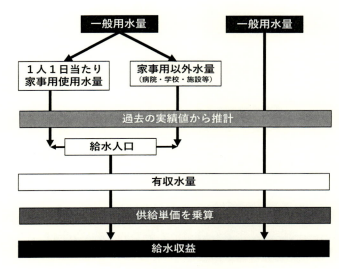

図 2.3 給水収益の算出

出典）神戸市「専門部会資料のまとめ」より抜粋

各事業団は、給水収益を財源とする資金が急速に減少する中で、内部留保の取り崩しによって対応してきた。しかし、水道事業を運営するにあたっては、日々の運転資金に加え、突発的な資金需要への備えも重要である。神戸市では、運転資金および突発的な資金需要に対応するため、阪神淡路大震災の経験を参考に手元資金を算出した。具体的には、阪神淡路大震災時に3か月間収入が途絶えたことを踏まえ、通常の3か月間に想定される支出に加え、企業債償還金や工事費用の支払いが重なる場合を想定して試算した結果、必要額は150億円と算出された。

　しかし、2024（令和6）年には手元資金が150億円を下回り、翌年には資金不足に陥る可能性が示唆されている。企業債による資金調達を行わず、手元資金150億円が確保できなくなったタイミングで企業債を起債した場合、企業債残高の急激な増加に繋がることが明らかとなった。さらに、手元資金150億円を維持するために企業債のみで資金調達を行った場合、企業債残高対給水収益比率は2029（令和11）年度に200%（2020（令和2）年度の大都市平均）を超過するとの試算結果が得られた。

　資金調達に企業債を活用する事業団は少なくない。企業債の発行を縮減している仙台市や熊本市では、企業債残高対給水収益比率を目標にしている。一方、川崎市、静岡市、北九州市では、企業債残高を適正に管理しながら発行を増加させている。神戸市は、借入開始年度、償還方法、金利方式、据置期間、金利などの借入条件を定めてシミュレーションを実施した。借入条件は、2024（令和6）年度の元利均等、固定金利、30年償還期間、5年据置期間、1.9%の金利とした。法定耐用年数60年の土木構造物（配水池）および法定耐用年数40年の配水池を起債対象とし、法定耐用年数が10～17年の機械設備や6～20年の電気・計装設備は対象外とした。

　この条件のもとで、5つのパターンでシミュレーションを実施した。パターン1では、手元資金150億円を下回らない範囲での借入を想定した。パターン2からパターン4では、対象事業の企業債充当率をそれぞれ80%（全ての充当額）、50%（企業債償還金に注目）、30%（支払利息に注目）とした。パターン5では、企業債償還金の範囲内で借入を行うケースを計算した。企業債充当率を30%または40%と想定した場合、資産維持率を1.3%（資産維持額36億円）とし、料金改定率を16.9%とした場合に企業債充当率は30%となる。また、資産維持率を0.6%（資産維持額18億円）

とし、料金改定率を 22.9% とした場合に企業債充当率は 40% となる。

　次いで、導出した料金改定率を基に、表 2.1 に示すように、料金改定案を検討した。案 A では、現行料金に改定率を乗じた場合を検討した。案 B では、基本料金の割合を高め、収益増加分を全て基本料金で対応する場合を想定した。案 C では、基本料金の割合を現状より高めにし、従量料金については使用水量区画ごとに増加分を設定する案を検討した。基本料金については、$10\,\mathrm{m}^3$、$5\,\mathrm{m}^3$、$3\,\mathrm{m}^3$、もしくは基本料金を設けないパターンを含めて検討を行った。

　しかし、企業債による資金調達は、将来世代への負担を伴う点を十分に考慮しなければならない。現在の借入利率は上昇傾向にあり、企業債残高が急激に増加すれば、支払利息の増加が収益的収入を圧迫し、元金償還額の増加が資本収支不足の拡大を招く。これにより、財政運営の硬直化が避けられなくなる。実際に、公営企業会計では、過去に発行した企業債の償還負担が増大している。兵庫県においては、産業や住宅用地の整備事業の資金調達を目的に発行された地域整備事業会計の企業債について、本格的な償還期が迫っている。返済資金の確保が今後の大きな課題となっている。この資金調達の原資は主に土地の売却収益であったが、地価の低下により土地の価格が想定を大きく下回り、収益確保が困難となっている。また、京都市では、国が追

表 2.1　料金改定のシミュレーション

		案A	案B	案C
使用者への影響		基本料金・従量料金ともに同率での増額のため、少量使用者に対する影響は抑制できるが、多量使用者への負担（増加額）は大きい。	基本料金の上昇幅が大きくなり、少量使用者への影響は大きい。一方で従量料金は現状維持となるため、多量使用者への負担は軽減される。	案Aに近しいが、従量料金の増加幅を抑えている分、多量使用者、特に業務用への負担は一定程度軽減される。
逓増度		最低単価：102.9円 最高単価：421円 **4.09 ⇒ 4.09** （同率増のため変化なし）	最低単価：118円 最高単価：360円 **4.09 ⇒ 3.05** （▲1.04）	＜基本水量10㎡・5㎡＞　　＜基本水量なし＞ 最低単価：　103円　　最低単価：　108円 最高単価：　395円　　最高単価：　395円 **4.09 ⇒ 3.83**　　**4.09 ⇒ 3.66** （▲0.26）　　　　（▲0.43）
基本料金・従量料金のバランス		基本料金の割合 33.6%（R4）⇒ 34.3%（+0.7%）	基本料金の割合 33.6%（R4）⇒ 41.4%（+7.8%）	基本料金の割合 ＜基本水量10㎡＞ 　33.6%（R4）⇒ 35.6%（+2.0%） ＜基本水量5㎡＞　　⇒ 34.3%（+0.7%） ＜基本水量なし＞　　⇒ 33.9%（+0.1%）
まとめ	少量使用者の負担	小	大	中
	多量使用者の負担	大	小	中
	逓増度	変化なし	大幅に低下	一定程度低下
	基本水量	現状維持	現状維持	10㎡　　5㎡　　なし
	基本料金の割合	変化なし	大幅に上昇	一定程度上昇　変化なし　一定程度低下

出典) 神戸市「神戸市上下水道事業審議会　今後の水道事業経営について：第 3 回専門部会」より抜粋

加の企業債発行要件を緩和したことで資金不足を一時的に緩和する見通しが立ったが、建設時に発行された企業債の償還負担が依然として課題である。こうした状況下で、果たしてその返済を完全に担い切れるのか、慎重な検討が求められる。

地方公営企業においては、独立採算による運営が原則であり、この基本方針を揺るがせるべきではない。今後、施設整備を含めた現金収支の改善には、設備の維持・更新、土地や建物など保有資産の有効活用、さらには民間経営手法の導入が喫緊の課題となる。神戸市では、水道事業経営の効率化を推進する中で、老朽化する施設の増大する更新需要に対応し、多様な工夫を講じてきた。こうした取り組みを通じ、最終的に料金の見直しに踏み切ることとなった。

２．収益的収支と資本的収支

国立社会保障・人口問題研究所「日本の将来推計人口（令和５年推計）」によれば、総人口は、令和２（2020）年国勢調査による１億2,615万人が2070年には8,700万人に減少すると推計されている。水道事業も例外ではない。人口減少は水需要の低下を招き、それに伴い、水道料金収入の減少を引き起こす要因となる。

水道事業では、各施設の規模や能力といった現状に加え、将来の維持や更新を反映する形で、総括原価方式に基づいて使用料が設定される。本節では、前節で取り上げた神戸市の事例を踏まえつつ、各事業団における料金改定の動向に焦点を当てる。また、表2.2には、水道事業、下水道事業、工業用水道の根拠法や規定内容が示されている。

本節で扱う水道事業は、水道法第14条（供給規定）に基づき、総括原価方式を原則として運営される。効率的な経営を行う中で、適正な原価に基づき、公正で妥当な料金設定が求められる。この総括原価方式の算定方法は、人件費などの原価に加え、支払利息や資産維持費を加算した総額を基礎として定められている（地方公営企業法第21条第２項）。

総括原価方式の算入項目には、職員の人件費、浄水場等で使用する薬品費、浄配水施設にかかる動力費や修繕費、他事業団からの水道水の購入費用である受水費、固定資産の購入額を資産の耐用年数にわたって各年度に配分する

第 2 章　総括原価方式と公定価格

表 2.2　水道事業・下水道事業・工業用水道の供給規定

	水道事業	下水道事業	工業用水道
原則	総括原価方式	総括原価方式	総括原価方式
規定内容	効率的な経営の下、適正な原価に照らし公正妥当である	能率的な管理の下、適正な原価をこえない	能率的な経営の下、適正な原価に照らし公正妥当である
算入項目	人件費・薬品費・動力費・修繕費減価償却費・支払利息受水費・資産消耗費・営業費・資産維持費	人件費・薬品費・動力費・修繕費減価償却費・支払利息流域下水道維持管理負担金・委託料・企業差取扱諸費	人件費・薬品費・動力費・修繕費減価償却費・支払利息受水費・負担金・維持管理費・水源施設費引当金・資産維持費
料金抑制	資産維持費算出にレートベース方式採用	雨水処理に公費を充当	国庫補助受入事業者は、一定の値上時に、受水企業に説明を要す
【法的根拠等】			
根拠法	水道法第 14 条（供給規定）	下水道法第 20 条（使用料）	工業用水道法第 17 条（供給規定）
手続き	地方公共団体は条例で定め、開始時は厚生労働大臣の認可、変更時は届出	地方議会の議決の下、地方公共団体の条例で定める	地方公共団体は条例で定め、開始時・変更時は経済産業大臣に届出
通知	水道料金算定要項（日本水道協会）	下水道使用料算定の考え方（日本水道協会）	工業用水道料金算定要項

出典）厚生労働省「水道料金の適正化について」をもとに作成

　減価償却費、浄水施設にかかる委託費等のその他費用、企業債にかかる支払利息、施設の建設・改良・再構築等の将来にわたり事業を維持するための資産維持費が含まれる。施設の老朽化が進む中で、各事業体は対象経費の増加が予想され、持続可能な運営を目指して料金の値上げに踏み切らざるを得ない状況にある。

　水道事業は、収益的収支と資本的収支で構成されている。図 2.4 が示すように、収益的収支とは、1 年間の営業活動で得られた給水収益、長期前受金戻入、その他収益等の収益的収入と、それに要した人件費、物件費（委託料、動力費、修繕費、その他）等の維持管理費、受水費、減価償却費、企業債支払利息、その他等の収益的支出を指す。資本的収支とは、次年度以降も資産となる水道施設の更新のための建設改良費、企業債償還金、その他等の支出と、その財源収入である企業債、国庫補助金、基金繰入金、その他等を指す。

　収益的収支で発生した純利益と非現金支出は、資本的収支不足額の補填財源となる。補填後の残額は翌年度に繰り越される。当年度発生分の補填財源だけで賄えない場合は、過年度からの繰越分を充当することとなる。

41

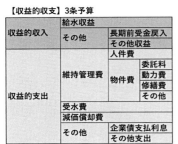

図 2.4 収益的収支と資本的収支の関係

出典）神戸市「専門部会資料のまとめ」をもとに作成

　図 2.5 が示すように、水道事業団は、貯水池で貯留し、取水堰でせき止めた水を、適宜取水施設に取り込み、導水管を通じて浄水場に送る。浄水施設では、凝集沈殿、ろ過および消毒の工程を経て、送水管を通じて配水池に運ばれる。その後、配水池から配水路を経由して給水所へ水が送り出され、給水所から各家庭や事業所前の道路まで配水される。

　取水施設、導水管、浄水場、送水管、配水池が基幹施設と呼ばれる。1960

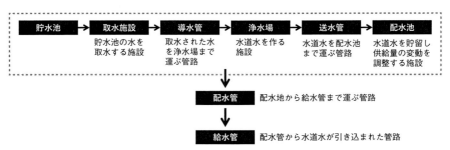

図 2.5 水道事業における基幹施設と管路

出典）神戸市「専門部会資料のまとめ」より抜粋

〜70年代に多数建設された浄水場、配水池、ポンプ場などの基幹施設の法定耐用年数は60年であり、一般的な排水管の耐用年数は40年とされている。このため、今後多くの施設が更新時期を迎えることが予想される。

筆者は、総務省「令和4年度地方公営企業年鑑水道事業」の「施設・業務概況及び経営分析に関する調」「損益計算書及び資本収支に関する調」「貸借対照表及び財務分析に関する調」のデータを収集するとともに、国土地理院「全国都道府県庁・市区町村役場データベース」の個票データを用いて図を作成した。

図2.6は、水道事業が保有する浄水場や配水池の設置数、導送配水管の延長といった資産規模を表している。これらの地理的要因は、立地条件によって維持・管理費用に影響を与える一方で、いずれの事業体も資産の老朽化が進行しており、その深刻さを増している。特に、浄水場および配水池の設置数は山間部で相対的に多く、導送配水管の延長においても北陸や山陰地域で長い傾向が顕著である。

水道事業は、水道法第14条（供給規定）において、適正な原価を導出する際に効率的な経営が求められる。図2.7は、施設利用率、配水管使用効率、固定資産使用効率を示している。施設利用率とは、施設・設備の1日あたりの処理能力を示す指標であり、1日平均配水能力に対する1日平均配水量の割合として計算される。配水管使用効率とは、導水管、送水管、配水管の敷設延長に対する1年間の総配水量の占める割合を示す。固定資産使用効率は、有形固定資産に対する1年間の総配水量の占める割合を表している。

図2.6　構造要因

出典）総務省「令和4年度地方公営企業年鑑 水道事業」をもとに作成

図 2.7　経営効率要因

出典）総務省「令和 4 年度地方公営企業年鑑 水道事業」をもとに作成

　東京、千葉、埼玉などの関東圏および大阪は、施設利用率、配水管使用効率、固定資産使用効率のいずれにおいても相対的に高い値を示している。一方で、山陰および山陽地域では、配水管使用効率および固定資産使用効率が低い傾向が見られる。

　前述の図 2.6 および図 2.7 から、浄水場や配水池の設置数、導送配水管延長といった構造的要因や、施設利用率、配水管使用効率、固定資産使用効率といった経営効率の要因には地域ごとに明確な格差が見られる。構造的要因による費用負担が大きい事業団であっても、必ずしも経営効率が低いとは限らない点に注意が必要である。

　図 2.8 は、収益的収支比率と資本的収支比率の財務指標を示している。収益的収支比率は、当該年度における水道事業の収益と費用のバランスを測る指標である。この指標は、水道料金収入や一般会計からの繰入金などの総収益が、総費用に支払利息などを加えた費用をどの程度カバーしているかを示す。100％未満であれば、単年度収支が赤字であることを意味し、経営改善が求められる。一方、100％以上であっても、費用削減や更新投資に充てるための財源が十分に確保されているかは検討の余地がある。

　資本的収支比率は、将来の営業活動に備えるため、水道施設の建設改良費や企業債の元金償還金といった支出に対し、それを補う財源（企業債や国庫補助金など）がどの程度の割合を占めているかを示す。収益的収支比率が相対的に低い山陰・山陽・北部九州など西日本の地域では、資本的収支比率が高い傾向が見られるが、東日本では異なる特徴が確認される。

図 2.8　財務要因
出典）総務省「令和4年度地方公営企業年鑑 水道事業」をもとに作成

　図 2.7 および図 2.8 を踏まえると、施設利用率、配水管使用効率、固定資産使用効率が高い（または低い）事業団は、収益的収支比率も高い（または低い）傾向がある。さらに、近隣の事業団においても同様の傾向が見られることから、地域特性が経営状況に影響を与えていることがうかがえる。

　独立採算制度を原則とする水道事業団は、主な財源を料金収入としているものの、図 2.9 が示すように、経費負担の原則に基づき、一般会計からの繰入や地方財政法第 5 条に基づく企業債の起債が認められている。

　図 2.10 は、一般会計からの繰入額や企業債償還額の割合を示している。収益的繰入比率と資本的繰入比率は、それぞれ収益的収入および資本的収入に対する繰入金の依存度を表している。企業債償還元金対減価償却費比率は、資本の回収と再投資のバランスを示す指標であり、100％を超える場合は、再投資において企業債など外部資金への依存度が高いことを示唆している。一般会計からの繰入への依存度は、山陰・山陽など西日本や東北地域で特に高く、さらに近隣の事業体間では、一般会計からの繰入水準や企業債償還水準に類似した傾向が見られる。図 2.10 と図 2.11 の関係を踏まえると、収益的繰入比率が低い（高い）事業団ほど、一般会計からの繰入額や減価償却費に対する企業債償還額が増加（減少）する傾向が確認される。一方で、資本的繰入比率と一般会計からの繰入額、企業債償還額の間には、これとは逆の傾向が認められる。

1952（昭和27）年　地方公営企業法施行

1957（昭和32）年　水道法施行

1966（昭和41）年　地方公営企業法一部改正
・経費負担区分を前提とした独立採算制度採用
・簡易水道への一般会計繰入を地方財政計画に計上

1967（昭和42）年　補助制度の創設
・水源開発及び水道事業広域化への補助

1969（昭和44）年　地方財政措置の拡充
・高料金対策に要する経費、簡易水道、
・水源開発及び水道事業広域化施設整備に要する経費を一般会計操出対象とし、地方財政計画に計上、交付税措置の対象とする。

1981（昭和56）年　地方財政措置の拡充
・水源開発及び水道事業広域化施設整備の一般会計操出について元利償還金に対する措置から出資債方式へ改正

1995（平成7）年　地方財政措置の拡充
・上水道安全対策事業の創設

図 2.9　水道事業の財政措置の導入の経緯

出典）総務省「水道財政のあり方に関する研究会報告書」（平成 30 年 12 月）等をもとに作成

図 2.10　一般会計からの繰入と企業債の起債

出典）総務省「令和 4 年度地方公営企業年鑑 水道事業」をもとに作成

第 2 章　総括原価方式と公定価格

　水道事業は、図 2.6 に示された浄水施設、配水池、ポンプおよび管路などの構造的要因という制約の中で、水道法第 14 条（供給規定）に基づき、図 2.7 が示す施設利用率、配水管使用効率、固定資産使用効率などを指標とする効率的な経営を前提に、図 2.8 の収益的収支比率および資本的収支比率などを通じて収支均衡を図ることが求められている。この過程で、図 2.10 が示す経費負担の原則に基づく一般会計からの繰入や地方財政法第 5 条に規定された企業債の起債による財源確保を行いながら、適正な原価を基準とした公正な料金の設定が、水道事業団の重要な課題となる。
　水道料金は、基本料金、超過料金、10 m^3 あたり料金で構成される。基本料金は、水道施設の減価償却費、借入金利息、メーター設置費、検針、料金収納などの必要経費を賄う固定的な経費として設定された定額料金を指す。超過料金は、動力費や薬品費など、使用水量に応じて発生する変動経費を賄うための変動料金であり、2 か月ごとのメーター検針で把握された使用水量に基づいて課される。10 m^3 あたり料金は、基本料金と超過料金を従量方式で反映した料金である。
　図 2.11 によれば、西日本に比べ、東日本の北海道および東北地方では、基本料金、超過料金、10 m^3 あたり料金のいずれも料金水準が高い傾向にあ

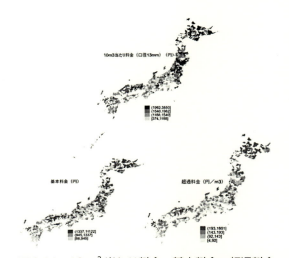

図 2.11　10 m^3 当たり料金・基本料金・超過料金
出典）総務省「令和 4 年度地方公営企業年鑑　水道事業」をもとに作成

47

る。また、近隣の事業体間で料金水準が類似する傾向が見られ、料金設定において近隣事業団の影響を受けている可能性が示唆される。

図 2.12 は、2011～2022 年における料金水準の推移を示している。基本料金、超過料金、および 10 m³ あたり料金は、大規模な都道府県や指定都市で運営されている事業団では、市町村で運営されている事業団と比較して低い水準で推移している一方で、料金回収率が高いことが確認できる。

今後、水需要や人口の減少が進む中で、安定した料金収入を確保するためには、基本料金や従量料金といった料金体系の見直しや改定の必要性が高まっている。しかし、水道料金は必ずしも現在の給水人口と強い相関があるわけではない。

図 2.13 は、基本料金、超過料金、10 m³ あたり料金と現在の給水人口との関係を示している。しかし、現在の給水人口が多い（少ない）からといって、水道料金が高い（低い）わけではなく、基本料金、超過料金、10 m³ あたり料金の設定にはばらつきが見られ、現在の給水人口との相関が低いこと

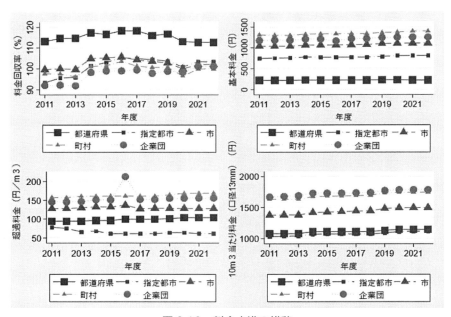

図 2.12　料金水準の推移

出典）総務省「令和 4 年度地方公営企業年鑑 水道事業」をもとに作成

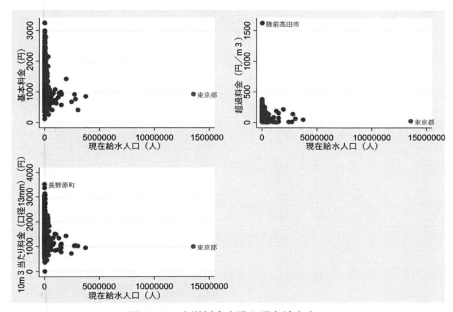

図 2.13　水道料金水準と現在給水人口

出典）総務省「令和 4 年度地方公営企業年鑑 水道事業」をもとに作成

が明らかである。

　このことから、料金収入を財源とし、効率的な運営が求められる水道事業であるが、構造的要因による制約の下で、経営効率要因が示すように、事業運営は各事業団の状況によって異なる。さらに、近隣の料金水準の影響を受けながら、料金水準の設定や改定が行われている可能性が示唆される。

　2020（令和 2）年には、多くの事業団で水道料金の改定が行われた。表 2.3 が示すように、それ以前の 2011〜2017 年の期間を振り返ると、料金改定の頻度や水準には事業団ごとに大きなばらつきが見られる。

　水道事業団には、料金の見直しを頻繁に検討している事業団もあれば、ほとんど改定を行わない事業団も存在する。また、料金改定を実施しても、改定後の料金水準は事業団によって大きく異なる場合が多い。さらに、水道事業団の財源は、必ずしも料金収入のみに依存しているわけではなく、一般会計からの繰入や企業債の起債が財源確保の一環として認められており、その影響は無視できない。

表 2.3 料金改定

料金改定数 (2011~2017年)	事業団数	例	基本料金(円) (平均)	超過料金(円/m³) (平均)	10 m³当たり料金(円) (平均)
7	1	秋田県湯沢市(末端給水事業)	2,057	180	2,417
5	2	島根県営(用水給水事業) 岡山県真庭市営(末端給水事業)	718	227	1,944
4	9	京都府営(用水給水事業) 新潟県潟上市営(末端給水事業)等	938	122	1,577
3	44	栃木県営(用水給水事業) 茨城県笠間市営(末端給水事業)等	947	108	1,438
2	283	群馬県営(用水給水事業) 京都府京都市営(末端給水事業)等	1,098	133	1,568
1	832	千葉県営(末端給水事業) 埼玉県さいたま市営(末端給水事業)等	1,152	144	1,545
0	160	神奈川県営(末端給水事業) 北海道札幌市営(末端給水事業)等	1,135	144	1,575

出典）足立（2021）「水道事業広域化における料金体系の検証 －経営効率性と財源保障－」より抜粋

　総括原価方式による料金設定には、いくつかの課題が指摘されている。多くの事業団が採用している二部料金制では、水道事業の費用構造の大半が固定費で占められている点が重要である。固定費は、給水地域の水源や取得条件、敷設年次、水道建設費用などの構造的な要因によって大きく変動する。このため、固定費の全額を基本料金に組み込むと、料金が高額化し、生活用水の低廉な供給という原則に反する可能性がある。そのため、固定費の一部を需要に応じた費用として設定することで、基本料金を抑える工夫が行われている。一方で、従量料金は、使用量の増加に応じて単価が上昇する逓増料金体系が採用されることが多い。これにより、基本料金や超過料金、10 m³あたり料金の設定が、消費者の料金負担に直接的な影響を及ぼしている。

　総括原価方式は、事業者が過大な利益や損失を回避し、消費者にも適正な料金負担を求める仕組みとして公益事業に広く採用されている。しかし、原価の積み上げ方式は経営効率の向上を促すインセンティブに欠けているとの批判もある。また、情報公開が不十分な場合には、費用構造の不透明性が指摘される可能性がある。このように、料金水準の設定や改定には、構造的な制約要因と経営効率要因が密接に関連している。

　以上を踏まえ、次節では、総務省「地方公営企業年鑑水道事業」の個票データを用いて、水道事業団の料金収入、一般会計からの繰入、企業債の起債が、構造要因、経営効率要因、財務要因をコントロールした上でも相互に参照さ

れているかを空間計量分析によって検証する。推計結果から、水道料金、一般会計繰入、企業債いずれの要素においても、事業団が周辺の事業団を参照していることが明らかになった。さらに、構造要因として、取水施設、貯水施設、導水施設、浄水施設、送水施設、配水施設といったインフラの歴史的条件や、取水場所、給水区域面積、市街地からの距離などの地理的条件が、費用負担や財源確保に影響を及ぼしていることが確認された。また、効率的に運営されている事業団では、原価に基づいた料金設定によって消費者負担が抑制されていることが示された。

3. 仮説・推計モデル・データの概要

本節では、独立採算を原則とする水道事業団において、財源確保の構造を解明することを目的として、料金設定・改定、収益的収支および資本的収支における一般会計からの繰入、企業債の起債に焦点を当てて検証を行う[7]。

【仮説 1】

料金設定・改定、収益的繰入水準および資本的繰入水準、ならびに企業債償還水準の財源確保において、水道事業運営は近隣事業団を参照している。

【仮説 2】

料金設定・改定と、収益的繰入水準および資本的繰入水準、ならびに企業債償還水準との間には代替・補完の関係がある。

具体的には、水道法第 14 条（供給規定）に基づき、構造要因、経営効率要因、財務要因をコントロールしたうえで、料金収入、一般会計繰入、企業債起債が周辺事業団との相互参照行動を伴うかを空間計量分析で検証する。この際、SLM モデル、SEM モデル、SDM モデルなど複数のモデルを用い、

7　Meran et al.(2012) は、様々な料金設定（ブロック料金制や二部料金制）を比較し、料金設定が水の需要と供給に与える影響を示している。山下他（2022）では、口径別か用途別かという料金体系の違いは、水道料金の格差を生む要因であるのかについて実証的に明らかにしている。

最も整合的な結果を採用する[8]。推計モデルは、以下の線形回帰式で表される。

$$y_{it} = Wy_{it} + X_{it}\beta + \varepsilon \qquad \varepsilon \sim N(0、\sigma^2 I) \qquad (9)$$

$$X_{it}\beta = X_{it}\beta + \mu \quad \mu = \lambda W\mu + \varepsilon \qquad \varepsilon \sim N(0、\sigma^2 I) \qquad (10)$$

$$X_{it}\beta = Wy_{it} + WX_{it}\gamma + \varepsilon \qquad \varepsilon \sim N(0、\sigma^2 I) \qquad (11)$$

ここで y は自事業団の一般会計繰入、企業債、料金収入に関する変数であり、Wy は周辺事業団の変数ベクトルを表す。また、自事業団の財源に影響をもたらす要因として、構造要因、経営効率要因、財務要因を表す変数ベクトルを X とする。さらに、β と γ は推定される係数ベクトルであり、ε は誤差項を示す。ここで、i は各事業団を、t は年度を表す。

使用するデータは、総務省「地方公営企業年鑑水道事業」の「施設・業務概況及び経営分析に関する調」「損益計算書及び資本収支に関する調」「貸借対照表及び財務分析に関する調」および国土地理院「全国都道府県庁・市区町村役場データベース」に基づく 2011（平成 23）〜2022（令和 4）年度の水道事業団の個票データである。

一般家庭に給水を行う水道事業は、主に市町村を中心に運営されているため、本分析では、対象を指定都市営、市営、町村営の末端給水事業団とする。一方で、都道府県営および企業団営の末端給水道事業は、給水の共同化や経営事業の統合を目的として運営されており、また都道府県営および企業団営

---

8 空間計量分析には、Anselin（1988）による空間的自己相関モデル（SLM：Spatial lag model）や、Brueckner（2003）による空間的誤差相関モデル（SEM：Spatial error model）等の空間的性質を考慮した分析方法がある。だが SLM モデルは、同時決定性によって OLS 推定値にバイアスが生じる可能性が高い。SEM モデルにおいても、脱落変数による誤差項間の不均一分散と空間自己相関と空間誤差相関の識別が難しいことから、OLS 推定値の有効性が問われうる。このような空間説明変数相関と空間自己相関の識別問題を考慮して定式化した空間ダービンモデル（SDM：Spatial Durbin Model）があるが、SDM モデルにおいても同時決定性によるバイアスの可能性がある。足立（2021）は 2017 年の単年度データを使用していることから、同時決定性によるバイアスの問題等が考えられることから、SLM モデル、SEM モデル、SDM モデルで整合的な結果を採用しているものの、周辺事業団と当該地域の料金水準の比較に留まっていることは否めない。

の用水給水事業は構成団体への卸売を主な目的としているため、本分析の対象には含めない[9]。

これらのデータを用いて、水道法第14条（供給規定）ならびに家庭用水道を対象とする図2.14を踏まえ、以下の変数を作成した。なお、「　」は総務省「地方公営企業年鑑水道事業」等のデータ名を、【　】は作成した変数を示している。

本節では、自事業団および周辺事業団の影響を考慮し、空間計量分析を用いて、構造要因、経営効率要因、財務要因に基づいて水道事業団の財源確保の動向を検証する。

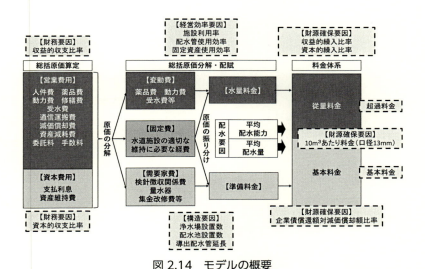

図 2.14　モデルの概要

出典）鈴鹿市上下水道「鈴鹿市上水道事業の新料金体系案について：料金体系案の比較および検討」をもとに作成

---

[9] 対象期間のうち最も事業団数の多い2017（平成29）年事業団の1,331事業のうち、用水供給事業団、簡易事業団、都道府県営事業団、ならびに基本料金、超過料金、10m³当たり料金が欠損している事業団を削除した1,186事業団を対象とする。なお香川県や県内市町では、人口減少に伴う水道収益の減少、経年劣化が進む水道施設の更新、渇水や地震等の災害への対応、職員の大量退職に伴う技術継承等からため香川県全事業を統合し、2018（平成30）年4月より香川県広域水道企業団を開始している。したがって、2018（平成30）年前後で水道事業データ数が大きく異なる。本節は、当該広域水道企業団の設立によって香川県における空間的検証が難しいことから2017年までを対象とする。なお、足立（2021a、2021b）では、料金設定を取り上げ、用水供給事業および末端給水事業における統合が財政的な影響をもたらすとしている。

第1に、被説明変数として、仮説1では、10 m³ あたり料金、収益的繰入比率、資本的繰入比率、および企業債償還額対減価償却額比率を採用する。これらの指標は、経費負担の原則に基づき、収益費用および資本費用をそれぞれの繰入額でどの程度賄っているかを示す。10 m³ あたり料金は、基本料金と超過料金を従量方式で反映した料金であり、その設定は事業団ごとに異なる[10]。収益的繰入比率および資本的繰入比率に加え、企業債償還額対減価償却額比率は、仮説2における水道料金の設定要因として、基本料金、超過料金、および 10 m³ あたり料金を使用する。基本料金は、水道施設の減価償却費、借入金利息、メーター設置費、検針、料金収納などの固定的な経費を賄うための定額料金である。一方、超過料金は、動力費や薬品費といった、使用水量に応じて発生する変動経費を賄うための料金であり、2か月ごとのメーター検針によって把握された使用水量に基づいて課される。

○**仮説1**[11]
　【10 m³ あたり料金】＝「10 m³ あたり料金」
　【収益的繰入比率】＝（「国庫補助金」＋「都道府県補助金」＋「他会計補助金」）／「総収益」
　【資本的繰入比率】＝（「他会計出資金」＋「他会計負担金」＋「他会計借入金」＋「国庫補助金」＋「他会計補助金」）／「資本的収入[12]」
　【企業債償還額対減価償却額比率】＝「企業債償還額対減価償却額比率」

10　日本水道協会「水道事業における公費負担のあり方について：アンケート結果を踏まえた現状と課題　令和2年3月」によれば、公費負担で担っているものとして、未普及及び不採算地域の水道サービスの普及および維持のための施設整備経費をはじめ、水源開発、貯水池の浚渫、広域的水道施設の整備費用、老朽化した管路の更新への経費、水度施設の耐震化の経費、高度浄水施設の整備、料金減免、被災後の水道施設の復旧に要る経費等がある。これら繰入の状況は事業団によって異なることが報告されている。

11　浦上（2004）は、トランスログ型の費用関数を用いて、補助金が水道事業の費用構造に与えることを示している。Phillips（2013）においても、補助金や水の浄化が水道事業の事業運営の効率性を低下させるとしている。

12　翌年度繰越充当財源および前年度同意等債で今年度収入分を処理し純計値を採用する。

54

第 2 章　総括原価方式と公定価格

○仮説 2
【10 m³ あたり料金】＝「10 m³ あたり料金」
【基本料金】＝「基本料金」
【超過料金】＝「超過料金」

　第 2 に、水道料金の設定・改定における近隣事業団間の相互参照行動を検証する。
　説明変数には、当該年度の周辺事業団の水道料金を採用する。仮に、周辺事業団の水道料金を参考にして料金水準を設定・改定している場合、周辺事業団の水道料金が高い（低い）ときには、自事業団の水道料金も高い（低い）傾向が見られると考えられる。

SpatialLag 要因[13]
【10 m³ あたり料金】
【収益的繰入比率】【資本的繰入比率】
【企業債償還額対減価償却額比率】

　第 3 に、自事業団の水道料金に、周辺事業団および自事業団の地理要因が与える影響を検証する。浄水場や配水池の施設数が多い場合、維持管理費用が増加し、料金水準が高まる可能性がある。また、導水管・送水管・配水管などの管路の延長が長ければ、その維持管理にかかる費用が増大し、料金水準の上昇が予想される。

構造要因
【現在給水人口】＝「現在給水人口」
【浄水場設置数】＝「浄水場設置数」
【配水池設置数】＝「配水池設置数」
【導送配水管延長】＝「導送配水管延長」

___

13　SDM モデルでは、Spatial Lag に、現在給水人口、浄水場設置数、配水池設置数、ならびに導送配水管延長の構造要因、施設使用効率、配水管使用効率、ならびに固定資産使用効率の経営効率要因、収益的収支比率及び資本的収支比率の財務要因を加える。

55

第 4 に、経営効率要因を採用する。同様の地理条件を持つ周辺事業団と比較すると、総括原価方式による費用構造が類似している可能性が高い。このため、施設利用率、配水管使用効率、固定資産使用効率が料金水準に影響を与えると考えられる。施設利用率が高い場合、配水能力に対する 1 日平均配水量が増加するため、料金水準を抑える効果が期待される。同様に、配水管使用効率や固定資産使用効率が高い場合、効率的な運営により料金水準が低下する可能性がある。

経営効率要因
　【施設利用率】＝「施設利用率」
　【配水管使用効率】＝「配水管使用効率」
　【固定資産使用効率】＝「固定資産使用効率」

　最後に、自事業団の水道料金に、周辺事業団および自事業団の財務要因が与える影響を検証する。財務要因として、営業収支比率、流動比率、営業繰入比率、資本収支比率、企業債償還額対減価償却額比率、および資本繰入比率を採用する。営業収支比率や資本収支比率が高い場合、効率的な収支管理が行われていると考えられ、水道料金が抑えられることが期待される。一方、企業債償還額対減価償却額比率が高い場合、内部留保の減少が水道料金の上昇につながる可能性がある。また、営業繰入比率や資本繰入比率が高まると、水道料金が上昇することが予想される。

財務要因
　【収益的収支比率】＝「収益的収支比率」
　【資本的収支比率】＝「資本的収支比率」

　以上に基づき、仮説 1 および仮説 2 に関連する主要な変数を表 2.4 にまとめている。

第 2 章　総括原価方式と公定価格

表 2.4　予想される主眼の変数の結果

項目	根拠	予想される符号
仮説 1		
10 m³ 当たり料金	近隣事業団と構造要因（地理要因・人口要因等）が同じであれば近隣の財源確保を参照する	＋
収益的繰入比率	収益費用を賄う収益繰入が高まれば、財源確保も抑えられる	＋
資本的繰入比率	資本費用を賄う資本繰入が高まれば、財源確保も求められる	＋
企業債償還額対減価償却額比率	減価償却費に対して企業債が高ければ、内部留保が低くなり、財源確保も求められる	＋
仮説 2		
収益的繰入比率	収益費用を、国庫補助金、都道府県補助金、他会計補助金等の繰入で財源を確保していれば、料金水準の増加は抑えられる	±
資本的繰入比率	資本費用を、他会計出資金、他会計負担金、他会計借入金等の繰入で財源を確保していれば、料金水準の増加は抑えられる	±
企業債償還額対減価償却額比率	減価償却費に対して企業債で財源を確保していれば、料金水準の上昇を抑えることができる	±

　本節で利用する変数の記述統計を表 2.5 に示す。10 m³ あたり料金の平均値は 1,535 円であるが、料金の分布には大きなばらつきが見られる。料金が最も低い末端給水事業団では 4 円、最も高い事業団では 3,550 円と、その差は非常に大きい。さらに、基本料金や超過料金についても事業団ごとに大きな差異が見られ、末端給水事業団間で料金格差が存在することが確認できる。パネル B では、料金設定・改定水準、繰入金水準、企業債償還額水準の推移を示している。たとえば、料金水準の指標である 10 m³ あたり料金の推移を見ると、2011 年には 1,474 円であったが、2015 年には 1,522 円、2020 年には 1,587 円へと着実に上昇している。また、標準偏差が 2011 年から 2020 年にかけて拡大していることから、料金の地域間格差も拡大傾向にあることがわかる。このように、10 m³ あたり料金を含む料金設定における格差は、末端給水事業団間の地域特性や構造的要因に起因する可能性が高い。今後の分析では、この料金格差の背景についてさらに詳しく検証する必要がある。

57

表 2.5 記述統計

パネル A

項目名	単位	標本数	平均	標準偏差	最小値	最大値
10 m³ 当たり料金	円	12,996	1,535.62	511.76	4	3,550
基本料金	円	12,996	1,178.65	518.99	39	11,122
超過料金	円/m³	12,996	143.33	84.47	4	2,736
収益的繰入率	%	12,996	4.05	8.20	0	84.80
資本的繰入率	%	12,996	3,002.56	3,494.69	0	108,116.90
企業債償還額対減価償却額	m³/万円	12,996	77.03	62.05	0	4,442.10
現在給水人口	人	12,996	60,327.12	84,020.48	0	608,385
浄水場数	個数	12,996	4.65	7.38	0	91
配水池数	個数	12,996	20.07	27.81	0	335
導送配水管路延長	千 m	12,996	438.41	475.48	0	7,341.02
施設利用率	%	12,996	59.49	13.17	0	109.30
配水管使用効率	m³/m	12,996	16.85	40.81	0	4,288.32
固定資産使用効率	%	12,996	7.29	3.34	0	36.83
収益の収支比率	%	12,996	103.4489	19.37294	0.2	226.20
資本的収支比率	%	12,996	34.99107	23.63842	0	415.90

パネル B

項目名	単位	標本数	平均	標準偏差	最小値	最大値
2011 年						
10 m³ 当たり料金	円	1,083	1,474.31	504.51	335.00	3,360.00
基本料金	円	1,083	1,145.00	497.35	115.00	3,150.00
超過料金	円/m³	1,083	140.06	60.27	10.00	336.00
収益的繰入率	%	1,083	4.38	8.96	0.00	62.92
資本的繰入率	%	1,083	3,191.68	4,644.70	0.00	108,116.90
企業債償還額対減価償却額	m³/万円	1,083	69.13	54.62	0.00	1,204.20
2015 年						
10 m³ 当たり料金	円	1,083	1,522.71	512.27	367.00	3,360.00
基本料金	円	1,083	1,169.54	502.05	115.00	3,240.00
超過料金	円/m³	1,083	143.97	93.86	5.00	2,430.00
収益的繰入率	%	1,083	3.36	7.38	0.00	59.92
資本的繰入率	%	1,083	2,910.83	3,275.10	0.00	18,641.57
企業債償還額対減価償却額	m³/万円	1,083	76.64	42.64	0.00	483.20
2020 年						
10 m³ 当たり料金	円	1,083	1,587.10	515.80	374.00	3,550.00
基本料金	円	1,083	1,208.61	509.47	88.00	3,350.00
超過料金	円/m³	1,083	145.10	83.75	5.00	1,801.00
収益的繰入率	%	1,083	6.15	8.94	0.00	60.58
資本的繰入率	%	1,083	3,022.74	3,144.13	0.00	16,728.79
企業債償還額対減価償却額	m³/万円	1,083	85.56	142.72	0.00	4,442.10

4．推計結果[14]

4.1　パネル A

　本節では、仮説 1 に基づき、収益的経費および資本的経費に対する財源確保において、近隣事業団の料金水準、繰入水準、企業債償還水準を参照しているかを検証し、その結果を表 2.6 のパネル A に示す。この分析では、収益的経費および資本的経費に影響を与える構造要因、経営効率要因、財務要因を考慮し、空間計量分析の SLM モデル、SEM モデル、SDM モデルを採用した。

　モデル（1）〜（3）の結果から、SEM、SLM、SDM モデルのすべてにおいて、近隣事業団の $10\,\mathrm{m}^3$ あたり料金が高い場合、自事業団の料金水準も高くなることが確認された（1％有意水準）。同様の傾向は、モデル（4）〜（6）の収益的繰入比率においても認められ、近隣事業団の影響が料金水準と繰入水準の両面で強く及んでいることを示している（1％有意水準）。一方、モデル（7）〜（12）の資本的繰入比率およびモデル（10）〜（13）の企業債償還額対減価償却額比率では、有意な結果は得られなかった。

　構造要因と料金水準、繰入水準、企業債償還水準の関係では、SEM、SLM、SDM モデルにおいて一貫して、浄水場設置数が多い事業団ほど資本的繰入比率および企業債償還額対減価償却額比率が高くなることが確認された（1〜5％有意水準）。また、配水池設置数が多い事業団では、維持・更新の負担が大きく、$10\,\mathrm{m}^3$ あたり料金、収益的繰入比率、資本的繰入比率、企業債償還額対減価償却額比率のいずれも有意に高い値を示した（1〜5％有意水準）。さらに、導送配水管延長が長い事業団では、構造的費用負担が料金水準と収益的繰入比率を有意に押し上げる要因となっていることが明らかとなった（1％有意水準）。

14　筆者は、かつて、足立（2021a）で水道事業における料金水準のヤードスティック競争を検証している。香川県では県内全体で統合が行われ、2018（平成 30）年 4 月より香川県広域水道企業団が事業開始となったことを踏まえ、空間的検証が難しいことから、2017（平成 29）年度データを使用した。このとき、1,331 事業のうち、用水供給事業団、簡易事業団、都道府県営事業団、ならびに基本料金、超過料金、$10\,\mathrm{m}^3$ 当たり料金が欠損している事業団を削除した 1,186 事業団を対象にしている。当該実証部分を、足立・篠崎・齋藤（2021）に記述する。

表 2.6 推計結果

パネル A

		10 m³ 当たり料金			収益的繰入比率			資本的繰入比率			企業債償還額対減価償却額比率		
		(1)	(2)	(3)	(4)	(5)	(6)	(7)	(8)	(9)	(10)	(11)	(12)
		SEM	SLM	SDM	SEM	SLM	SDM	SEM	SLM	SDM	SEM	SLM	SDM
Spatial Error		0.199**			0.166**			-0.019			0.037*		
		(0.019)			(0.020)			(0.021)			(0.019)		
Spatial Lag【相互参照要因】 各財源要因			0.122**	0.120**		0.124**	0.158**		-0.004	-0.024		0.035	0.032
			(0.018)	(0.019)		(0.019)	(0.020)		(0.021)	(0.021)		(0.018)	(0.018)
Spatial Lag【構造要因】	現在給水人口			0.003**			0.004			-0.041			0.001
				(0.001)			(0.004)			(0.028)			(0.001)
	浄水場設置数			0.538			-8.231*			32.827			-0.475
				(0.891)			(4.150)			(30.307)			(0.590)
	配水池設置数			-1.502**			-4.050*			36.992**			-0.065
				(0.413)			(1.927)			(14.052)			(0.273)
	導送配水管延長			0.024			-0.052			-0.487			-0.012
				(0.025)			(0.116)			(0.844)			(0.016)
【経営効率要因】	施設利用率			-1.871**			-1.262			15.610			-0.512
				(0.408)			(1.901)			(13.873)			(0.270)
	配水管使用効率			0.027			-0.035			-0.120			0.004
				(0.053)			(0.247)			(1.802)			(0.035)
	固定資産使用率			1.111			-14.697			-57.287			0.530
				(1.981)			(9.277)			(67.459)			(1.311)
【財務要因】	収益的収支比率			-0.564**			1.457			-9.288			-0.390**
				(0.197)			(0.929)			(6.679)			(0.130)
	資本的収支比率			0.368**			-0.745			-4.230			-0.286**
				(0.125)			(0.581)			(4.264)			(0.082)
【構造要因】	現在給水人口	-0.001	-0.001	-0.001*	0.006**	0.006**	0.006**	0.031**	0.031**	0.038**	0.0003	0.0003	0.0003
		(0.000)	(0.000)	(0.000)	(0.001)	(0.001)	(0.001)	(0.010)	(0.010)	(0.011)	(0.0002)	(0.0002)	(0.0002)
	浄水場設置数	0.013	0.030	-0.016	-0.214	-0.678	0.172	30.503**	30.345**	24.982*	0.512*	0.508*	0.505*
		(0.322)	(0.321)	(0.324)	(1.503)	(1.498)	(1.507)	(10.912)	(10.921)	(11.000)	(0.213)	(0.212)	(0.214)
	配水池設置数	1.331**	1.264**	1.333**	5.404**	5.166**	5.824**	11.058*	10.893*	6.477	0.361**	0.359**	0.369**
		(0.147)	(0.147)	(0.148)	(0.687)	(0.685)	(0.691)	(4.990)	(4.993)	(5.043)	(0.097)	(0.097)	(0.098)
	導送配水管延長	0.021**	0.021**	0.022**	0.102**	0.100**	0.111**	-0.494	-0.493	-0.562*	-0.001	-0.001	-0.001
		(0.008)	(0.008)	(0.008)	(0.037)	(0.037)	(0.037)	(0.271)	(0.271)	(0.271)	(0.005)	(0.005)	(0.005)
【経営効率要因】	施設利用率	-0.417**	-0.468**	-0.467**	0.615	0.670	0.454	12.401**	12.352**	13.951**	0.012	0.010	0.015
		(0.134)	(0.135)	(0.135)	(0.628)	(0.629)	(0.628)	(4.582)	(4.583)	(4.585)	(0.089)	(0.089)	(0.089)
	配水管使用効率	0.004	0.005	0.004	0.013	0.012	0.012	-0.579	-0.579	-0.563	-0.003	-0.003	-0.003
		(0.017)	(0.017)	(0.017)	(0.079)	(0.079)	(0.079)	(0.576)	(0.576)	(0.575)	(0.011)	(0.011)	(0.011)
	固定資産使用率	-5.749**	-5.700**	-5.778**	-22.219**	-22.785**	-22.033**	-214.963**	-214.898**	-212.329**	-0.342	-0.338	-0.390
		(0.665)	(0.662)	(0.668)	(3.105)	(3.088)	(3.111)	(22.485)	(22.510)	(22.707)	(0.438)	(0.438)	(0.442)
【財務要因】	収益的収支比率	1.520**	1.455**	1.473**	-12.558**	-12.465**	-12.707**	-8.689**	-8.632**	-7.161**	0.009	0.008	0.022
		(0.077)	(0.076)	(0.077)	(0.356)	(0.355)	(0.356)	(2.580)	(2.583)	(2.601)	(0.050)	(0.050)	(0.051)
	資本的収支比率	-0.099**	-0.089*	-0.089*	-0.481**	-0.496**	-0.500**	-17.696**	-17.685**	-17.620**	0.105**	0.104**	0.104**
		(0.038)	(0.038)	(0.038)	(0.178)	(0.178)	(0.177)	(1.297)	(1.298)	(1.295)	(0.025)	(0.025)	(0.025)
年度ダミー		Yes	Yes	Yes	Yes	Yes	Yes	Yes	Yes	Yes	Yes	Yes	Yes
_cons		72.915**	73.192**	73.038**	340.747**	341.311**	340.172**	2,488.32**	2,488.45**	2,483.19**	48.370**	48.371**	48.317**
		(0.473)	(0.474)	(0.473)	(2.211)	(2.213)	(2.207)	(16.121)	(16.121)	(16.088)	(0.313)	(0.313)	(0.313)
標本数		12,996	12,996	12,996	12,996	12,996	12,996	12,996	12,996	12,996	12,996	12,996	12,996
Log-like		-68027	-68056	-68031	-86387	-86399	-86365	-110056	-110057	-110032	-63114	-63113.86	-63101
chi2 Test		4130.9*	5109.99*	5182.56*	2897.43*	3087.75*	3177.27**	452.065*	450.025**	501.795**	346.216**	358.813**	386.284**
Wald Test		107.31*	45.1821*	96.3453*	66.826**	41.7898*	110.873*	8.0064**	0.0316*	49.8929*	3.99137**	3.63467*	30.3174*

備考）数値は回帰係数、括弧内はロバスト標準誤差を表す。なお、** は有意水準 1%、* は同 5% を表す。

第 2 章　総括原価方式と公定価格

パネル B

		10 m³ 当たり料金	基本料金	超過料金
		(1)	(2)	(3)
【財源確保要因】	収益的繰入比率	1.799**	1.021*	-0.087
		(0.196)	(0.409)	(0.146)
	資本的繰入比率	0.001**	0.002**	-0.000
		(0.0003)	(0.0006)	(0.0002)
	企業債償還額対減価償却額比率	0.009	0.023	0.002
		(0.014)	(0.029)	(0.010)
【構造要因】	現在給水人口	-0.0007*	-0.0005	0.0002
		(0.0003)	(0.0006)	(0.0002)
	浄水場設置数	0.041	1.492*	0.041
		(0.321)	(0.670)	(0.239)
	配水池設置数	1.159**	0.474	0.081
		(0.147)	(0.307)	(0.109)
	導送配水管延長	0.021**	-0.029	-0.007
		(0.008)	(0.017)	(0.006)
【経営効率要因】	施設利用率	-0.514**	-0.470	-0.072
		(0.135)	(0.281)	(0.100)
	配水管使用効率	0.005	-0.033	0.000
		(0.017)	(0.035)	(0.013)
	固定資産使用効率	-5.081**	-2.245	-0.040
		(0.666)	(1.388)	(0.495)
【財務要因】	収益的収支比率	1.683**	0.934**	-0.066
		(0.080)	(0.167)	(0.059)
	資本的収支比率	-0.063	-0.058	-0.019
		(0.038)	(0.080)	(0.029)
	年度ダミー	Yes	Yes	Yes
	_cons	1,355.164**	1,103.999**	141.609**
		(21.495)	(44.825)	(15.973)
	標本数	12,996	12,996	12,996
	Log-like	-73650.82	-83201.74	-69792
	F test	224.4742**	21.72087**	1.18667**

備考）数値は回帰係数、括弧内はロバスト標準誤差を表す。なお、** は有意水準 1%、* は同 5% を表す。

効率的な経営が求められる水道法第14条（供給規定）の観点から、施設利用率が高い事業団では、10 m³ あたり料金が有意に低く抑えられていることが確認された（1%有意水準）。また、固定資産使用効率が高い事業団では、料金水準および繰入水準の双方が有意に低い結果を示した（1%有意水準）。

4.2　パネル B

　本節では、仮説 2 に基づき、収益的経費および資本的経費に対する水道料金の設定・改定において、一般会計からの繰入および企業債の起債が代替・補完の関係にあるかを検証し、その結果を表 2.6 のパネル B に示す。この分析では、Hausman 検定と Brush-Pearman 検定を用い、固定効果モデルを採用した。

　モデル（1）では 10 m³ あたり料金、モデル（2）では基本料金、モデル（3）では超過料金の推計結果を示している。モデル（1）の結果から、収益的繰入比率および資本的繰入比率が高い事業団では、10 m³ あたり料金が有意に高いことが確認された（1%有意水準）。この傾向は基本料金（モデル（2））にも当てはまり、繰入金が料金設定に影響を与えている可能性が示された。一方、超過料金（モデル（3））では有意な関係が見られなかった。

結論

　以上の結果から、10 m³ あたり料金および収益的繰入比率について、近隣事業団の料金水準や繰入水準を相互に参照していることが明らかとなった。特に、構造要因が強く影響を及ぼす事業団では、料金水準、一般会計繰入水準、企業債償還額水準が高まる傾向が確認された。これには、浄水場や配水池、導水施設、送水施設、配水施設といったインフラ構造や地理的条件が影響していると考えられる。

　一方、効率的な運営を実現している事業団では、施設利用率や固定資産使用効率の向上が料金水準や繰入水準を抑制していることが確認された。この結果は、水道法第 14 条の供給規定が求める効率的経営が料金設定に反映されていることを示している。また、繰入金への依存度が高い事業団では、料金水準も高まる傾向があり、こうした財源構造の見直しが課題となることが示唆された。

第2部

経費負担の原則と財政運営

第３章	病院事業における地方公営企業会計と財政措置

１．病院事業の概要

　地方中小都市における水道事業や下水道事業の普及は、日本の高度成長期における重要な政策の一つであった。しかし、すべてを使用料金で賄う場合、住民に過剰な負担を強いる結果となり、これが普及を阻む大きな障壁となっていた。特に、人口が少なく財政基盤が脆弱な中小都市では、料金収入が十分に得られず、施設整備の初期費用をまかなうことが困難であった[15, 16]。この課題を克服するため、国は財政措置を講じることで地方都市の整備を後押しした。

　この歴史的背景は、医療分野にも共通する教訓を与える。高度医療や救急医療、過疎地医療の確保といった現代の医療課題に対し、どのように財源を確保し、効率的かつ公平な医療提供体制を構築するかは、依然として大きな

15　O'Neill, Rauner, & Kraus（2008）は、職員の職種、労働時間、取得資格、賃金を取り上げ、欧米の病院運営の効率性を論じている。Guerrini et al.（2018）は、イタリアの医療機関を取り上げ、競争環境における公立病院と比較し私立病院のコスト削減が高いこと、Tiemannet et al.（2012）はドイツの医療機関に注目し私立病院と比べ公立病院のほうが技術効率性が高いことから、所有形態によって病院運営が異なるとしている。Cooper et al.（2018）は、民間保険加入者の地域間の医療費支出が大きいなかで、医療機関の合併が近隣地域であれば医療費支出が高まることを報告している。Capps et al.（2018）は、米国の医療機関の統合が医療支出に与える影響は検出されなかったとしているのに対し、Gowrisankaran & Town（2015）は米国の医療機関における合併は、治療費といった価格交渉に影響を与えることを示している。一方、Brekke et al.（2017）は、規制した価格下では、医療機関の合併は、医療費の抑制効果が高まるものの、戦略的補完か戦略的代替かでは、医療の質への影響は異なることを明らかにした。McIntos et al.（2015）はアフリカ南部の医療機関の PPP 導入が、Roos et al.（2018）は、オランダの公的医療機関の PPP 導入が病院経営の効率性に影響をもたらすことを示している。Alonso et al.（2016）は、スペインの公的医療機関では統合よりも PPP 導入のほうが職員の賃金、なかでも看護師の人件費が削減できるとしている。

16　国内においても、石橋（2016）と Zhang et al.（2018）は、公立病院改革が中規模病院の効率性に与える影響を検証している。足立他（2012）および Adachi et al.（2013）では診療科の集約化が、足立（2013）では医療機関の機能分化と連携が、効率的病院運営に繋がることを検証している。

テーマである。本章では、特に病院事業に焦点を当て、財政運営の仕組みや課題について検討を行う。

財務省「社会保障」によれば、日本の保健医療支出は GDP 比で OECD 諸国の中で 5 番目に高い水準にある。しかし、年金制度のように給付水準を自動調整する仕組みは導入されておらず、効率的で質の高い医療提供体制の整備が課題として繰り返し議論されてきた。本章では、病院事業に焦点を当て、一般会計からの繰入基準である経費負担の原則や財政運営について検討する。

公的医療機関は、医療法第 31 条に基づき、「国民に必要な医療を確保し、医療の向上を図る中核」としての役割を担う。これらの機関は、一般医療機関では対応が困難な保健、予防、へき地医療、医療従事者の養成といった業務を一体的に運営することが特徴である。さらに、医療法第 7 条の 2 第 1 項により、地域医療構想の実現に向けた都道府県知事の公的医療機関への権限が他の医療機関とは異なるものとして位置づけられている。

1985（昭和 60）年に策定された「国立病院・療養所の再編成・合理化の基本指針」では、がん、循環器病、精神疾患など 19 の政策医療分野が掲げられた。その後、2015（平成 27）年の「新公立病院改革ガイドライン」では、公立病院に期待される役割として次の 4 点が示された[17]。

1．過疎地や離島などにおける一般医療の提供。
2．救急、小児、周産期、災害、精神などの不採算・特殊医療の提供。
3．高度・先進医療の提供（例：がんセンターや循環器病センター）。
4．医師研修や広域的な医師派遣の拠点機能。

一方、公立病院は慢性的な赤字問題を抱えており、その補填には地方公共団体の財源が充てられている。公立病院が果たす役割には、救急医療、過疎地医療、高度医療の提供などが含まれるため、公費投入の意義は一定程度認められる。しかし、持続可能な運営を実現するためには、財務基盤の強化が不可欠である。

17　内閣府政策総括官（2017）は、地域医療の中核を担う公立病院は、医師不足や経営の厳しさ等の課題に直面しており、なかでも小規模病院であるほど経営が厳しく、効率的な運営が求められ、医療資源の適正配分や経営改善策が必要であると指摘している。

地方公共団体は地方自治法第1条に基づき、住民に密接した行政サービスを自主的かつ総合的に提供する役割を担う。福祉、教育、警察、消防といった行政サービスに加え、生活基盤を支える水道供給、下水処理、公共交通の整備なども含まれる。公立病院事業も、地方公共団体が運営する特定事業の一環であり、地方公営企業に位置づけられる。

　全国には約8,000の地方公営企業が存在し、そのうち1割以上が赤字経営である。地方公営企業は、料金収入で運営することが原則であるが、多くの場合、不足分を一般会計からの繰入や地方債の発行で補っている。このような状況に対応するため、総務省は地方公営企業に第三者評価制度や独立した監査委員による業績評価を導入し、経営不振企業への改善を促す仕組みを整備している。

2．病院事業運営と財政措置

　地方公営企業は、「住民の福祉の増進を目的として設置され、経営される企業であり、一般行政事務の経費が租税で賄われるのに対し、財貨またはサービスの対価である料金収入で運営される」と定義されている（地方公営企業法第2条第3項）。この定義に基づき、地方公営企業は地域住民の福祉を目的としながらも、収益を重視する企業としての性格を併せ持つ。また、財やサービスの生産に必要な経費は受益者からの料金収入で賄う独立採算制が基本原則である。

　地方公営企業の特異性は、一般行政事務が租税によって賄われるのに対し、地方公営企業が財貨やサービスの対価である料金収入によって運営される点にある。独立採算制を原則としながらも、公共性と企業性を両立させる役割を担う。地方公営企業の経理は、事業活動を明確に把握するため、一般会計と区別される。図3.1で示すように、事業ごとに特別会計を設け、収益と費用を対応させることで経営成績と財務状態を明確化している（地方公営企業法第17条～第35条）。また、公営企業会計方式に基づき、予算・決算の編成および経理運営が義務付けられている。一般会計では現金主義会計と単式簿記を採用するが、公営企業会計では発生主義会計と複式簿記を採用し、損益計算書や貸借対照表の作成を必須としている（地方公営企業法第20条、第30条）。

第 3 章　病院事業における地方公営企業会計と財政措置

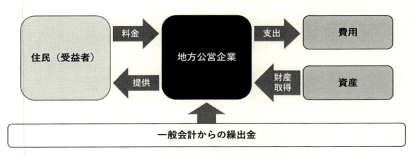

図 3.1　地方公営企業の経理

出典）総務省（2019）「公営企業等の現状と課題」および足立（2019）をもとに作成

　地方公営企業の予算は、収益的収支予算と資本的収支予算に分けられる。収益的収支予算は、当該年度の損益取引を基に収益を計上し、事業年度全体の経営活動を対象とする。この予算には、現金主義会計では含まれない項目も含まれる。たとえば、営業外収益として長期前受金戻入が、営業費用として減価償却費が計上される。決算において、これらの収益的収支予算の結果は損益計算書に反映される[18]。

　一方、資本的収支予算は、貸借対照表の科目増減に基づき、期首と期末の資産および負債の差額を計上する。この予算には、施設整備や拡充を目的とした建設改良費、企業債収入、既存施設の企業債元利償還費用などが含まれる。これにより、地方公営企業は長期的な財務計画と経営戦略を策定し、持続可能な運営を目指している[19]。地方公営企業は、経営の健全性を維持しつ

18　現金を伴わない収益、費用ならびに非課税取引は税引き額で算出され、それ以外の収益的収支予算は税込み額で計上される。それによって収益的収支予算と損益計算書には乖離が生じる。
19　発生主義と現金主義の両主義を含む資本的収支予算では、現金収支を伴う取引は税込み額であるが、それ以外は税引き額で算出される。一方、貸借対照表が示す期首と期末の増減は、当該年度の期首の貸借対照表に、固定資産の増減と企業債の増減が考慮され、当該年度の期末の貸借対照表が導出されるが、税抜き額が示される。加えて、企業債と企業債償還金の消費税は非課税となる。このことから、資本的収支予算と貸借対照表においても乖離が生じている。

つ、住民福祉を増進する公共的役割を果たすため、これらの会計方式を活用している。

　地方公営企業は、企業としての経営が求められる一方で、住民福祉を目指す一般行政活動と深く関わる公共的役割を担っている。この二面性により、役割分担や会計間での財源のやり取りが発生する。その結果、地方財政法第6条に基づき、経費の負担区分として一般会計からの繰り出しが認められている[20]。経費負担の区分による経費とは、企業経営に伴う収入では賄いきれない性質の経費や、効率的な経営を行ってもなお収入のみでは充当が困難と認められる経費を指す。このような経費は、補助金や負担金、出資金、長期貸付金などの方法で一般会計から補填される。具体例として、公共の消防に必要な消火栓にかかる経費や、不採算医療にかかる病院事業の経費が挙げられる。

　毎年、総務省から地方公共団体に対し、経費の負担区分に基づく繰出基準が通知される。この基準に基づく経費の主要財源は、公営企業繰出金として地方財政計画に計上される。また、基準財政需要額への算入や特別交付税を通じて財政措置が講じられる。このような措置により、公立病院にも一般会計負担金が供給されており、その金額は年間約5,000億円に達する。

　地方公営企業の形態をとる病院事業では、経営経費は独立採算制を原則とし、主に診療報酬収入で賄われる[21]。病院事業会計の経費は、医業にかかる人件費、物件費、建設改良費に加え、保健衛生行政事業や研究所、看護師養成所、院内保育所など、医療行為以外にかかる経費で構成される。ただし、医業にかかる経費についても、地方公営企業法第17条の2および3で定め

20　収入に充てない経費には、1）性質上当該地方公営企業の経営に伴う収入をもって充てることが適当でない経費（地方公営企業法第17条の2第1項第2号経費）、2）当該地方公営企業の性質上能率的な経営を行ってもなおその経営に伴う収入のみをもって充てることが客観的に困難であると認められる経費（地方公営企業法第17条の2第1項第2号経費）をさす。

21　高塚・西村（2006）は、入院医療サービスの生産性を評価するために使用されるアウトプット指標として、一床当たり年間退院患者数が妥当であることをDEA分析で検証している。高塚・西村（2008）では、オーダリングシステムは、退院患者数を指標とした生産関数の上方シフトや技術的効率性の改善に寄与することを示している。森川（2010）では、病院の平均規模が大きいほど入院医療サービスの生産性が高まることから集約化による規模の経済性を高めることが重要であるとしている。

第 3 章　病院事業における地方公営企業会計と財政措置

る特定の条件を満たす場合、本来は一般行政活動に属するとみなされ、一般
会計からの繰出金として補填される。これらの繰出金には明確な基準が設け
られている。総務省が毎年定める繰出基準に基づき、地方公共団体は対象と
なる経費について適切な財源措置を行う。このように、地方公営企業が担う
公共性と企業性の両立には、独立採算制と一般会計からの財源補填が不可欠
である。

　さらに、公立病院に対しては、繰出基準が病院事業の医業に関わる 1 号
経費、特定の事務に該当する 2 号経費、災害復旧に関する経費の 3 つに区
分されている。第 17 条の 2 第 1 項第 1 号では、「その性質上、当該地方公
営企業の経営に伴う収入をもって充てることが適当でない経費」を 1 号経
費と称する。例えば、救急医療に要する経費、保健衛生行政事務に要する経
費、公立病院附属看護師養成所の運営に必要な経費が該当する。救急医療で
は、救急救命センターにおける医師の待機や空床の確保に必要な経費が、救
急告示病院としての経費として繰出される。この際、「建設改良費および企
業債元利償還金の 2 分の 1」など明確に基準が定められたものを除き、経営
収入で充当できないと認められる場合には、その収支差額が繰出基準額とし
て設定される。

　また、第 17 条の 2 第 1 項第 2 号では、「当該地方公営企業の性質上、能
率的な経営を行ってもなお収入のみでは充てることが客観的に困難であると
認められる経費」を 2 号経費としている。具体例として、病院の建設改良費、
へき地医療の確保、不採算地区病院の運営、結核病院や精神病院の運営、感
染症医療、リハビリテーション医療、周産期医療、小児医療、高度医療に要
する経費が含まれる。例えば、へき地医療では、応援医師や代診医師の派遣
に必要な経費、へき地巡回診療や訪問看護のための費用、さらには遠隔医療
システムの運営経費が挙げられる。これらの経費についても、収入で賄えな
い部分に対し、繰出基準に基づく財源措置が講じられる。

　第 17 条の 3 では、「災害復旧その他特別な理由により必要な場合、補助
することができる」として、院内保育所の運営、公立病院附属診療所の運営、
経営基盤強化に関わる経費、保健・医療・福祉の共同研修にかかる経費、病
院改革の推進費用、共済追加費用の負担、医師確保対策に必要な経費が含ま
れる。院内保育所の運営においては、運営収入で充当できない相当額が繰出
基準に基づき補填される。

69

表 3.1　公立病院における経費負担の原則

地方公営企業法根拠法令	政策	経費	操出基準
第17条の2 第1項第1号 経営に伴う収入をもって充てることが適当でない経費	救急医療	救急告示病院等	救急告示病院、救急救命センターにおける医師等の待機及び空床の確保等に必要な経費相当額
		災害拠点病院及び救急告示病院の耐震施設整備	災害拠点病院、地震防災緊急事業五箇年計画に定められた耐震化を必要とする施設の耐震化、救急救命センター等が、災害時の救急医療への施設（通常の診療に必要な施設を上回る施設）の整備に要する経費相当額
		災害拠点病院及び救急告示病院の資機材等予備費	災害拠点病院又は救急告示病院が災害時の救急医療の診療用具、診療材料、薬品、水及び食料等（通常の診療に必要な診療用具、診療材料等を上回るもの）の備蓄に要する経費相当額
		小児救急	小児救急医療拠点病院事業、小児救急医療支援事業を実施する病院の医師等の待機及び空床の確保等に必要な経費相当額
	保健衛生活動		集団検診、医療相談等に要する経費で、これに伴う収入で充てれない相当額
	附属看護師養成所		公立病院附属看護師養成所の看護師を養成するために必要な経費で、運営に伴う収入で充てれない相当額
第17条の2 第1項第2号 経営に伴う収入のみをもって充てることが客観的に困難であると認められる経費	へき地医療	応援医師・代診医師の確保及び要請に要する経費	へき地診療所等への応援医師又は代診医師の派遣に要する経費で、経営に伴う収入で充てれない相当額
		へき地巡回診療に要する経費	地域の中核的役割としての巡回診療に要する経費で、経営に伴う収入で充てれない相当額
		へき地医療拠点病院群等の訪問看護に要する経費	へき地医療拠点病院等の訪問看護に要する経費で、経営に伴う収入をもって充てれない相当額
		遠隔医療システムの運営に要する経費	遠隔医療システムの運営に要する経費で、その経営に伴う収入で充てれない相当額
	不採算地区病院	不採算地区病院	採算区病院の運営に要する経費で、その経営に伴う収入で充てれない相当額
		不採算地区中核病院	不採算地区に所在する許可病床数が100床以上500床未満（感染症病床を除く）の病院としての機能維持に特に必要となる経費（不採算地区病院の運営に要する経費を除く）で、経営で収入で充てれない相当額
	結核医療		結核病床の確保に要する経費で、これに伴う収入で充てれない相当額
	精神医療		精神病床の確保に要する経費で、これに伴う収入で充てれない相当額
	感染症医療		感染症病床の確保に要する経費で、これに伴う収入に充てれない相当額
	高度医療等	医療機器分	高度医療に要する経費で、これに伴う収入に充てれないものに相当する額
		建設改良分	
		医療機器リース分	
		集中治療室等運営費	
		リハビリテーション運営費	リハビリテーション医療に要する経費でこれに伴う収入で充てれない相当額
		周産期部門運営費	周産期医療の病床確保に要する経費で、これに伴う収入で充てれない相当額
		補助金の一般財源化	
		小児部門運営費	小児医療（小児救急医療を除く）の病床確保に要する経費で、これによる収入で充てれない相当額
	建設改良費		病院の建設改良負債及び企業債元利償還金で、経営に伴う収入で充てれない相当額（建設改良費及び企業債元利償還金の1/2）
	附属診療所		公立病院附属診療所の運営に要する経費のうち、その経営に伴う収入をもって充てれない相当額
	院内保育所		院内保育所の運営に要する経費で、その運営に伴う収入で充てれない相当額
	医師・看護師等研究研修経費		医師及び看護師等の研究研修に要する経費の1/2
	共済追加費用		病院事業職員に係る共済追加費用の負担額
第17条の3 災害の復旧その他特別の理由により必要な場合、補助することができる	経営基盤強化対策	公立病院経営強化の推進に要する経費	経営強化プランに基づく公立病院の機能分化・連携強化等に伴い必要となる施設の除却等に要する経費及び施設の除却等に係る企業債元利償還金のうち、その経営に伴う収入で充てれない相当額
			経営強化プランに基づく公立病院の機能分化・連携強化等に伴い必要となる施設の除却等に要する経費及び施設の除却等に係る企業債元利償還金のうち、その経営に伴う収入で充てれない相当額
			経営強化プランに基づく機能分化・連携強化等に伴い、新たな経営主体の設立等に要する経費のうち、その経営に伴う収入で充てれない出資に要する経費
			経営強化プランに基づく公立病院の機能分化・連携強化等に伴い、新たに必要となる建設改良費及び企業債利償還金で、その経営に伴う収入で充てれない相当額（建設改良費及び元利償還金の2/3を基準）
			病床の見直しに取り組む公立病院への支援に、総務省と専門家が連携して行う事業等の経営支援に要する経費の1/2
			公立病院に勤務する医師の勤務環境の改善に要する経費のうち、経営に伴う収入で充てることが客観的に困難である額
			公立病院等への医師等派遣に要するもしくは受ける経費
			遠隔医療システムの導入に要する経費

出典）総務省「公立病院の令和5年度地方財政措置等について」「公立病院に係る地方財政措置」および足立（2019）をもとに作成

第3章　病院事業における地方公営企業会計と財政措置

　このような公営企業に関連する経費負担に基づく繰出基準は、毎年総務省から通達されている。繰出基準で認められた項目は、一般会計から病院事業に繰り出され、一般会計繰出金の一部として財政措置が講じられる。この基準に基づく繰出金を基準内繰出金と呼び、地方公共団体が独自に実施する繰出金を基準外繰出金として区別している。

　表3.2で示すように、普通交付税に加え、特別交付税による財政措置が講

表3.2　収益的収支・資本的収支と財政措置

経理区分	経理項目	繰出項目	一般会計負担	地方交付税措置	地方交付税算定基準	
					普通	特別
損益区分	医業収益 他会計負担金	救急医療	全額	普通交付税（道府県・市町村） 特別交付税（道府県・市町村）	病床数 センター数	病床数 センター数
		保健衛生行政事務	全額	普通交付税（道府県・市町村）	病床数	
	医業外収益 他会計負担金	看護師養成所	全額	普通交付税（道府県・市町村）	生徒数	
		へき地医療	全額	特別交付税（道府県・市町村）		相当額
		不採算地区病院	全額	特別交付税（道府県・市町村）		病床数
		不採算地区中核病院	全額	特別交付税（道府県・市町村）		病床数
		高度医療	全額	普通交付税（道府県・市町村）	病床数	
		周産期医療	全額	特別交付税（道府県・市町村）		病床数
		小児医療	全額	特別交付税（道府県・市町村）		病床数
		結核医療	全額	特別交付税（道府県・市町村）		病床数
		精神医療	全額	普通交付税（道府県） 特別交付税（市町村）	病床数	病床数
		感染症医療	全額	特別交付税（道府県・市町村）		病床数
		リハビリテーション医療	全額	普通交付税（道府県・市町村） 特別交付税（道府県・市町村）	病床数	病床数
		附属診療所	全額	普通交付税（市町村）及び 特別交付税（市町村）	診療所数 病床数	病床数
		建設改良費 （支払利息分）	1/2	普通交付税（道府県・市町村）	事業費 病床数	
資本区分	長期前受金	建設改良費 （元金償還金分）	1/2	普通交付税（道府県・市町村）	事業費 病床数	
		建設改良費	1/2	普通交付税（道府県・市町村）	病床数	
損益区分	医業外収益 他会計補助金	医師等確保対策	1/2	普通交付税（道府県・市町村） 特別交付税（道府県・市町村）	病床数	派遣日数
		研究研修費・共同研修費	1/2	普通交付税（道府県・市町村）	病床数	
		院内保育所	全額	普通交付税（道府県） 特別交付税（市町村）	人口	児童数
		児童手当	全額	普通交付税（道府県） 特別交付税（市町村）		児童数
		共済追加費用負担経費	全額	普通交付税（道府県・市町村）	病床数	
		基礎年金拠出金	全額	普通交付税（道府県・市町村） 特別交付税（道府県・市町村）	病床数	相当額
		公立病院経営強化推進	全額	普通交付税（道府県） 特別交付税（市町村）	人口	相当額
	特別利益 他会計繰入金	公立病院経営強化推進 （機能分化・連携強化に 伴う除却等経費）	全額	特別交付税（道府県・市町村）		相当額
資本区分	出資金	公立病院経営強化推進 （経営基盤強化のための出資）				

出典）総務省「公立病院の令和5年度地方財政措置等について」「公立病院に係る地方財政措置」および足立（2019）をもとに作成

じられているその算出方法は、病床数や人口に基づく方法と、地方公共団体繰出金に措置率を乗じ、さらに財政力補正を加味して計算する方法が存在する。具体的には、病床割で措置される主な経費には以下のものが含まれる。まず、公立病院の施設・設備整備支援に関する経費がある。これには、公立病院が持つ施設の近代化や医療機器の導入を通じた医療サービスの向上を目的としている。また、公立病院職員の基礎年金国庫負担相当分に関する経費も挙げられる。さらに、自治体組織の一部である公立病院が行政機関として実施する施策に必要な経費も含まれる。これらには、公立病院が担う災害時の医療提供や予防医療の推進が該当する。共済に係る自治体負担や国家公務員医療職の給与引き上げに対応する経費も、重要な支援項目である。

　一方で、人口割で算出される経費も存在する。その代表例として、院内保育所の設置運営に必要な経費や、公立病院経営強化推進に関する経費が挙げられる。これらの経費は、地域住民の生活向上や医療提供体制の効率化を図るために不可欠である。例えば、損益区分における医業収益の一部である救急医療関連の経費について考えると、それらは病院経営の収入でまかなうことが適切ではない。このため、救急告示病院や救命センター、小児救急医療における医師等の待機体制や空床確保の経費は、一般会計から全額が繰り出されている。また、災害拠点病院および救急告示病院の耐震施設整備や資機材の備蓄に必要な経費も、同様の扱いとなる。これらの措置は、病床数やセンター数を基に算出される普通交付税および特別交付税によって財政的に支えられている。

　図3.2には、財政措置の流れが示されている。病院が本業である医業活動を行う際には、入院、外来、およびその他の医業に必要な人件費、物件費、建設改良費といった費用が発生する。これらの費用には、病院機能を維持するための医療提供費用や、地方公営企業法施行令第8条の5第1項第3号に基づく経費に係る繰入金が含まれる。特に、救急医療の確保や保健衛生行政事務に要する経費が重要な要素となる。これらは、独立採算の原則および経費負担の原則に基づき、診療報酬と繰出金を主な財源として運営されている。

　さらに、公立病院の一部では、保健衛生、研究所、看護師養成所、院内保育所といった施設の運営を行っており、これらの経費は医業外費用として分類される。このような経費の財源は、負担金、補助金、そして繰出金によって確保されている。また、1号該当経費および2号該当経費については、各

第 3 章　病院事業における地方公営企業会計と財政措置

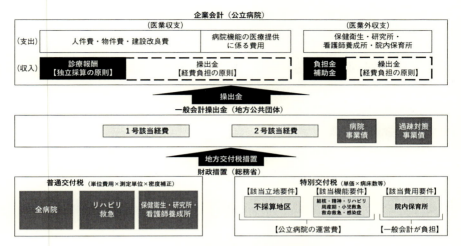

図 3.2　公立病院における財政措置

出典）堀場（2019）をもとに作成

地方公共団体の一般会計から相当額が繰り出される。その財源は国からの財政措置により補填され、地方自治体の財政負担を軽減している。

具体的には、全医療機関、リハビリ病院、保健衛生関連施設、研究所、看護師養成学校に対して、単位費用、測定単位、密度補正といった明確な基準に基づいて算出される普通交付税が適用される。この交付税は、施設の運営や機能の維持に必要な財政支援を提供するものである。また、不採算地区に立地する施設、不採算医療を提供する施設、院内保育所など、特定の条件を満たす場合には、特別交付税が適用される。この特別交付税は、地域における医療・教育機能の強化を目的としており、施設の安定的な運営を支える。

これらの財政措置により、地域医療や教育・研究施設の安定的な運営が確保されるだけでなく、社会的な役割を果たすための基盤が提供されている。財政的支援と運営の安定性が両立することで、地域住民への医療サービスの提供や、医療従事者の育成が持続的に可能となることが期待される。

第 2 号該当経費には、公立病院事業債および過疎対策事業債を対象とした一般会計繰出金が含まれる。病院事業債とは、公立病院の新設や整備に伴い発行される地方債であり、事業経費の全額に対して充当率 100％で起債が可能である。この仕組みにより、対象事業の全予算を地方債で賄うことが

73

できることを意味する。具体的には、病院事業債は医療施設の建設や改修などに必要な資金を供給する目的で発行される地方債であり、100％充当率により必要な全資金を確保できる。また、公立病院が発行する債券の元利償還金の一部は地方交付税から支援される。通常の病院整備においては、繰出基準を満たしていれば、元利償還金の50％が一般会計から繰出金として措置され、その半分が普通交付税により補填される。さらに、新設の場合には、事業費の一部を病院事業債で賄い、残りを病院事業会計の内部留保で補填することで、現金負担部分を一般会計から繰出金として充当する仕組みとなっている。

　一方、過疎地域の対策としては過疎対策事業債が活用されている。例えば、過疎地域における診療体制の整備として、病院や診療所の建設、巡回診療車や患者輸送車、往診用自動車、ヘリポート等の設置が挙げられる。これらの事業に必要な機器や備品等も過疎対策事業債の対象となる。過疎対策事業債では、事業費の100％が地方債で賄えるとともに、元利償還金の70％が普通交付税で措置される仕組みが確立されており、病院事業債との併用も可能である。図3.3には、これらの繰出金の推移が示されている。2022(令和4)年度には、総額が9,070億円に達した（総務省「令和4年度地方公営企業年鑑」）。繰出金は、収益的収入分と資本的収入分に分類される。収益的収入とは、不採算医療や高度・先進医療のための繰出金を指し、資本的収入とは建設改良費のための企業債償還金や企業債を充当しない建設改良費への繰出金である。地方公営企業年鑑によれば、収益的収入としての繰出金は3,851億円、資本的収入に至っては5,219億円に上る。

　しかし、公立病院の赤字を公費で補填する現状には、医療の効率性を損なうリスクが伴う[22]。2010（平成22）年度には46.1％であった赤字公立病院の割合は、2018（平成30）年度には60.3％に達し、多くの公立病院が深刻な経常損失に直面している。さらに、全国350医療圏のうち、公立病院の約9割が民間病院と競合しており、競合する公立病院の約1割では稼働

22　経営主体別で各収入に占める繰入金割合を算出した場合、収益的収入では町村立の収入の23.5％を繰入金で構成されており、次いで都道府県立が15.9％、指定都市立が13.8％を繰入金が投じられている。一方で、資本的収入では町村立が43.8％、市立は35.9％、都道府県立が33.7％、組合立が33.5％、指定都市立が32.3％と公立病院の大半で資本的収入の3～4割を繰入金で賄っている。

第 3 章 病院事業における地方公営企業会計と財政措置

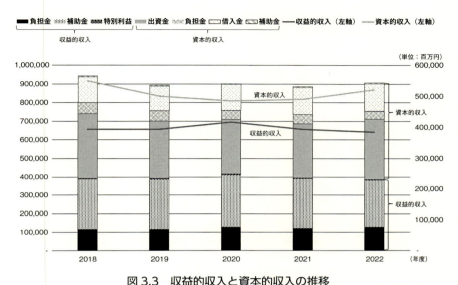

図 3.3 収益的収入と資本的収入の推移

出典）総務省「地方公営企業年鑑」および足立（2019）「公立病院事業再編と財政措置」をもとに作成

率が 50％以下に留まっている（日本医師会総合政策研究機構（2019））。こうした状況により、地方公共団体の財政は悪化し、医療以外の行政サービスへの影響が懸念される。

このような課題を背景に、公立病院には経営の効率化が求められている。総務省は 2007（平成 19）年に「公立病院改革ガイドライン」を発表し、経営の効率化や再編、経営形態の見直しなどの改革プランの策定を求めた。これを受け、診療所化、統合再編、独立行政法人化といった取り組みが進められている。加えて、厚生労働省は公立病院を含む公的病院の診療状況を分析し、民間病院で代替可能で実績が乏しい病院については、再編統合の必要性を議論する対象として位置づける方向性を打ち出している[23]。今後も安定的かつ継続的な医療提供体制を維持するためには、抜本的な改革が不可欠である。次節では、公立病院における事業改革の現状と進展について詳述する。

都道府県及び市町村は、地方公営企業法（第 2 条第 2 項）にもとづいて

---

23 大谷・福田（2019）では、公立病院の再編が医業収支比率や経常収支比率等の経営改善に寄与することを示している。

病院事業を行なっている。同法の財務規程等一部を適用するケース（一部適用）と、管理者を設置し、組織および職員の身分も含めて地方公営企業法全部を適用するケース（全部適用）がある。ただし、本節では、地方独立行政法人法を根拠法とする地方独立行政法人は対象としない。

3．仮説・推計モデル・データの概要

独立採算を原則とする病院事業団は、入院収益や外来収益等の診療収入をもって運営する。しかし、収入をもって充てることができない経費や、能率的な経営を行ってもなお、その経営に伴う収入のみをもって充てることが客観的に困難であると認められる経費については、一般会計等が負担すべき経費として繰出が認められている。

この繰出は、地方公営企業法第17条の2第2項、地方公営企業法施行令第8条の5、総務省が定める繰出基準に基づいて行われる。具体的には、以下のような目的に適用される：

- 民間医療機関の立地が困難な地域における医療の提供
- 不採算・特殊部門に関わる医療の提供
- 地域の民間医療機関では限界のある高度・先進医療の提供
- 広域的な医師派遣の拠点機能の確保
- その他の事業や病院事業債元利償還金の一部

そこで本節では、病院事業における一般会計からの繰入金等の財政措置と、病院事業運営との関係に注目して、以下の仮説を検証する。

【仮説1】
補助金および一般会計からの繰入金等の財政措置が、医業費用、特に職員給与費、材料費、減価償却費、経費等に与える影響を検証する。

【仮説2】
医業収益に関する財政措置、会計制度改正前における財政措置、医業外収益に関する財政措置が、医業費用に与える影響を検証する。

具体的には、構造要因や経営効率要因をコントロールしたうえで、財政措置と当該病院事業の財務運営との関係を検証する。この検証に用いる基本的な推定モデルは、以下の線形回帰式で表されるものとする。

$$Y_{it} = \alpha + \beta Transfer_{it} + \gamma X_{it} + \mu_{it} \tag{1}$$
$$\mu_{it} = \mu_t + \varepsilon_t + \tau_{it} \tag{2}$$

ここでY、各病院事業団の財政変数を表す変数であり、$Transfer$は一般会計からの繰入や補助金に関する変数ベクトル、病院事業運営に影響をもたらす要因として構造要因や経営効率要因や構造要因を表す変数ベクトルをXとする。βとγは、推定する係数ベクトルである。μは観察不可能な経済主体独自の個別効果を表し、εは観察不可能な時間効果、τは攪乱項とする。なお、iは個別経済主体、tは年度を示す。

本節の推定に用いる主なデータとして、「地方公営企業年鑑：病院事業」の「（一）地方公営企業法適用」の「施設及び業務概況に関する調1」「施設及び業務概況に関する調2」「経営分析に関する調1」「経営分析に関する調2」の2016（平成28）年〜2022（令和4）年の個票データをパネル化して分析を行う。なお、一般病院を対象に、地方公営企業法適用の都道府県及び市町村、政令指定都市、一部事務組合の病院を含み、想定企業会計は除く[24, 25]。また、労働生産性の導出では、損益勘定所属職員と資本勘定所属職員を合算した職員数を使用するが、職員数が欠損しているデータは除く[26]。

24　病院区分には、一般病院、結核病院、精神病院があり、本節では、一般病院のみとする。

25　想定企業会計とは、従前は公営企業会計として特別会計を設置していたが、現在これを廃止し、一般会計等において精算および地方債の償還を行っている等の場合には、これに係る一切の収支は一般会計から分別して、当該事業に係る公営企業会計が設けられたものと想定される会計とする。

26　2016（平成28）年度データで、職員数が欠損している医療機関は、北海道むかわ町鵡川厚生病院、北海道名寄市名寄東病院、北海道池田町十勝いけだ地域医療センター、千葉県鋸南町国保鋸南病院、大阪府和泉市市立病院、大阪府阪南市阪南市民病院、宮崎県宮崎市宮崎市立田野病院、山梨県上野原市上野原市立病院、山梨県山梨市牧丘病院、山梨県甲州市勝沼病院、岐阜県多治見市多治見市民病院、岡山県岡山市国立病院機構岡山市立金川病院、島根県隠岐広域連合（事業会計分）隠岐島前病院、広島県神石高原町神石高原町立病院、愛媛県西条市西条市立周桑病院、愛知県名古屋市緑市民病院、滋賀県

このとき、都道府県、市町村、ならびに病院名でデータを突合し、変数を作成したこのとき、「　」は総務省「地方公営企業年鑑：病院事業」等のデータ名、【　】は作成した変数を示している。本節では各病院事業の観察されない欠落変数によるバイアスを除去するために、パネルデータを用いて固定効果モデルを採用し、構造要因および経営効率化要因を考慮した上で、補助金や一般会計からの繰入等の財政措置が病院事業団の財政運営に与える影響を検証する。

　第1に、被説明変数として、各病院事業の財務運営を示す指標である「医業関連費用」を採用する。医業関連費用とは、入院サービスおよび外来サービスを提供する際に必要とされる以下の費用を合算したものである：

　　職員給与費（給与、賞与、退職金、福利費用など）
　　材料費（医薬品、治療材料、消耗品など）
　　減価償却費（医療機器の減価償却費、リース料、土地や建物の賃貸料、修理費、固定資産税など）
　　経費（検査、食事提供、寝具、医事サービス、清掃、保守など）

　医業関連費用は、病院の財務運営における中核的な要素である。特に、人件費と材料費は医療経費全体の大部分を占めており、これらの費用構成比率は病院の財政状況を評価する上で極めて重要である。本節では、この指標を用いることで、補助金や一般会計からの繰入金といった財政措置が、病院事業団の財務運営にどのような影響を与えるのかを詳細に分析する。また、この分析を通じて、医業費用の構造やその変動要因を明らかにすることを目指す。これにより、読者は次章で展開される分析モデルの構造や結果の解釈をより深く理解するための基盤を得ることができる。

　東近江市東近江市立能登川病院、神奈川県横浜市みなと赤十字病院、福井県越前町国保織田病院、福岡県北九州市門司病院、福岡県飯塚市飯塚市立病院、福島県三春町三春病院、福島県猪苗代町猪苗代町立猪苗代病院、秋田県北秋田市北秋田市民病院、茨城県桜川市さくらがわ地域医療センター、青森県一部事務組合下北医療センターむつリハビリテーション病院、香川県三豊市西香川病院である。

第 3 章　病院事業における地方公営企業会計と財政措置

被説明変数

【医業費用対医業収益】＝
（「職員給与費」＋「材料費」＋「減価償却費」＋「経費」）／「医業収益」

【職員給与費対医業収益】＝「職員給与費」／「医業収益」

【材料費対医業収益】＝「材料費」／「医業収益」

【減価償却費対医業収益】＝「減価償却費」／「医業収益」

【経費対医業収益】＝「経費」／「医業収益」

なお、医業収益は、「医業収益」＝「入院収益」＋「外来収益」とする。

　第 2 に、本節の主眼である補助金と繰入金を表す変数について説明する。毎年の病院事業運営においては、医業収益には他会計負担金が含まれ、医業外収益には国庫補助金、都道府県補助金、他会計補助金、他会計負担金が含まれる。また、長期前受金戻入や特別利益には、国庫補助金、都道府県補助金、他会計繰入金などの財政措置が含まれる。

　これらの財政措置は、医療法第 30 条の 4 の規定に基づき、公立病院が果たすべき社会的役割を支えるために設けられている。具体的には、山間へき地や離島などの過疎地における一般医療の提供をはじめ、救急、小児、周産期、災害、精神などの不採算部門や特殊医療部門を提供することが期待されている。この役割は、新公立病院改革ガイドライン（平成 27 年 3 月）においても明記されており、それに基づく財政措置が講じられている。

　本節では、これらの補助金および繰入金が病院事業の財務運営に与える影響を分析する。表 3.3 では、補助金および繰入金に関する勘定、区分、科目、項目を整理し、各財政措置がどのように構成されているかを示している。具体的には、収益的収入を医業収益、医業外収益、特別利益の 3 つの区分に整理している。

　　医業収益：救急病院や保健衛生行政に対する他会計負担金が含まれる。
　　医業外収益：建設改良費（利息）や高度医療、へき地医療に対する他会計負担金、研究研修費や医師確保対策費に対する他会計補助金が含まれる。
　　特別利益：公立病院改革推進経費に対する他会計繰入金が含まれる。

79

これらの区分を基に、表 3.3 に基づいて変数を作成し、補助金および繰入金の病院事業における役割とその影響を検証する。

財政措置要因

（仮説 1）

　【繰入金対医業収益】＝（医業収益（「他会計負担金」）＋医業外収益（「他会計補助金」＋「他会計負担金」）＋長期前受金戻（「工事負担金」＋「他会計繰入金」＋「資本費繰入収益）＋特別利益（「他会計繰入金」））／「医業収益」

　【補助金対医業収益】＝（医業外収益（「国庫補助金」＋「都道府県補助金」）＋長期前受金戻（「国庫補助金」＋「都道府県補助金」））／「医業収益」

（仮説 2）

　【繰入金（医業）対医業収益】＝医業収益（「他会計負担金」）＋医業外収益（「他会計補助金」＋「他会計負担金」）＋長期前受金戻（「工事負担金」＋「他会計繰入金」＋「資本費繰入収益）＋特別利益（「他会計繰入金」）／「医業収益」

表 3.3　項目別繰入金

勘定	区分	科目	項目
収益的収入	医業収益	他会計負担金	救急病院　保健衛生行政　その他
	医業外収益	他会計負担金	建設改良（利息）　高度医療 へき地医療　不採算地区病院　不採算地区中核病院 結核医療　精神医療　感染症医療　リハビリテーション医療 看護師養成所　附属診療所　その他
		他会計補助金	研究研修費　医師確保対策経費　公立病院改革経費 経営支援の活用に要する経費　児童手当　院内保育所 共済追加費用　基礎年金拠出金公的負担経費　　　その他
		国庫補助金	長期前受金戻入（建設改良に対して耐用年数に応じて減価償却）
		都道府県補助金	長期前受金戻入（耐震化事業等の特定目的に対し耐用年数に応じて減価償却）
		工事負担金	長期前受金戻入（固定資産取得に対して耐用年数に応じて減価償却）
		他会計繰入金	長期前受金戻入（一般会計等から償却資産の減価償却）
	特別利益	他会計繰入金	公立病院改革の推進経費　その他
資本的収入		他会計出資金	建設改良（元金）建設改良（建設改良費） 公立病院改革の推進経費　その他
		他会計負担金	建設改良（元金）建設改良（建設改良費）その他
		他会計補助金	災害復旧費　その他

備考）各事業年度における償却資産の減価償却額と一般会計等繰入金の額との差額を収益化して資本費繰入収益とする事業団がある。

出典）総務省「地方公営企業」および足立（2019）をもとに作成

80

第3章　病院事業における地方公営企業会計と財政措置

【補助金（医業外）対医業収益】＝医業外収益（「国庫補助金」＋「都道府
　県補助金」）／「医業収益」

【繰入金（医業外）対医業収益】＝医業外収益（「他会計補助金」＋「他会
　計負担金」）／「医業収益」

【繰入金（長期前受金戻）対医業収益】＝長期前受金戻（「工事負担金」＋
　「他会計繰入金」＋「資本費繰入収益」＋特別利益（「他会計繰入金」）／
　「医業収益」

【補助金（長期前受金戻）対医業収益】＝長期前受金戻（「国庫補助金」＋
　「都道府県補助金」）／「医業収益」

　第3に、公立病院は独立採算を原則とし、入院収入や外来収入、室料差
額収益などの診療収入を主な財源とする。これらの収入をもとに、適切な経
費を管理しつつ、効率的な運営によって高品質な医療サービスの提供が求め
られている。本節では、病院事業が効率的に運営されているかを評価するた
めに、2つの仮説を基にした指標を用いる。仮説1では、従事者がどれだけ
の付加価値を生み出したかを示す労働生産性と、付加価値がどれだけ人件費
に分配されているかを示す労働分配率を採用する。仮説2では、これらの
指標を詳細に検証し、病院事業の運営効率を測定する。具体的には、1日平
均患者数や患者1人1日当たり診療収入を、病院収入の多くを占める入院
サービスの効率性を示す指標として病床利用率および在院日数を使用する。
さらに、病院事業がどれだけの付加価値を生み出しているかを測るため、労
働生産性を次の具体的な形で定義する：

- 医師1人1日当たり診療収入
- 看護部門1人1日当たり診療収入
- 検査技師1人1日当たり診療収入
- 放射線技師1人1日当たり診療収入

　これらの指標を用いることで、病院事業の効率性と持続可能性を多面的に
分析し、運営改善のための具体的な知見を得ることを目指す。

経営効率化要因

（仮説 1）

　【労働生産性】＝（「医業収益」－（「材料費」＋「経費」＋「減価償却費」）
　　　/「全職員数」

　【労働分配率】＝「職員給与費」/（「医業収益」－（「材料費」＋「経費」
　　　＋「減価償却費」））

　「職員数」＝「損益勘定所属職員」＋「資本勘定所属職員」

（仮説 2）

　【病床利用率】＝「病床利用率：一般」

　【在院日数】＝「平均在院日数（一般病床のみ）」

　【1 日平均患者数】＝「1 日平均患者数」

　【患者 1 人 1 日当たり診療収入】＝「患者 1 人 1 日当たり診療収入」

　【医師 1 人 1 日当たり診療収入】＝「医師 1 人 1 日当たり診療収入」

　【看護部門 1 人 1 日当たり診療収入】＝「看護部門 1 人 1 日当たり診療収入」

　【検査技師 1 人当たり診療収入】＝「検査技師 1 人 1 日当たり診療収入」

　【放射線技師 1 人当たり診療収入】＝「放射線技師 1 人 1 日当たり診療収入」

　最後に、各病院事業団が効率的に医療サービスを提供する際に直面する構造的な制約要因を、コントロール変数として採用する。これにより、各病院が独自に持つ特徴や運営条件を適切に考慮した分析が可能となる。具体的には、病院の規模や収容能力を示す指標として病床数、患者の利便性や建物の広さ、施設の設備を反映する病院施設延面積、そして地域社会からの信頼性や病院の経験を表す事業運営期間をコントロール変数として用いる。これらの変数は、病院事業の効率性や収益性に直接的または間接的に影響を与える要因として重要である。

構造要因

　【病床数】＝「病床数：一般」

　【病院施設延面積】＝「病院施設延面積」

　【事業運営期間】＝「事業開始年月日」より期間を算出

　表 3.4 には本節の記述統計を示す。

第 3 章　病院事業における地方公営企業会計と財政措置

表 3.4　記述統計[27, 28, 29, 30]

パネル A

	項目	単位	標本数	平均	標準偏差	最小値	最大値
医業費用要因	医業費用対医業収益	‰	3,717	1348.11	447.67	0	3928.19
	職員給与費対医業収益	‰	3,717	734.34	304.57	0	2731.94
	材料費対医業収益	‰	3,717	198.94	87.07	0	634.07
	減価償却費対医業収益	‰	3,717	103.16	57.41	0	620.03
	経費対医業収益	‰	3,717	311.67	190.32	0	1551.81
財政支援要因	補助金対医業収益	%	3,717	7.32	16.77	0	383.82
	繰入金対医業収益	%	3,717	30.18	32.44	0	260.28
	繰入金（医業）対医業収益	%	3,717	5.11	5.51	0	58.69
	補助金（改正前医業外）対医業収益	%	3,717	6.09	16.21	0	379.74
	繰入金（改正前医業外）対医業収益	%	3,717	21.96	27.92	0	222.33
	補助金（資本収益）対医業収益	%	3,717	1.24	3.20	0	142.92
	繰入金（資本収益）対医業収益	%	3,717	2.50	3.32	0	50.45
	補助金（改正後医業外）対医業収益	%	3,717	7.32	16.77	0	383.82
	繰入金（改正後医業外）対医業収益	%	3,717	24.46	28.74	0	240.34
経営効率要因	労働生産性	千円	3,717	16.54	144.13	-523.36	3,769.02
	労働分配率	%	3,717	178.09	2328.92	-80,013.02	36,231.32
	病床利用率	%	3,717	63.87	23.70	0	102.20
	在院日数	日数	3,717	16.75	11.06	0	175.20
	1 日平均患者数	千人	3,717	21.87	11.60	0	59.46
	患者 1 人 1 日当たり診療報酬	千円	3,717	45.67	24.14	0	125.72
	医師 1 人当たり診療収入	千円	3,717	367.18	904.50	0	25096.63
	看護部門 1 人 1 日当たり診療収入	千円	3,717	57.71	136.02	0	2401.26
	検査技師 1 人 1 日当たり診療収入	千円	3,717	36.15	56.50	0	732.73
	放射線技師 1 人 1 日当たり診療収入	千円	3,717	20.02	26.52	0	373.56
構造要因	病床数	床数	3,717	209.92	166.10	0	903
	施設延面積	m²	3,717	17531.66	14852.21	1,784	100,625
	事業期間	年数	3,717	58.63	24.59	3	153
	不採算地区病床数	床数	3,717	163.46	157.30	0	903
	救急告知病床数	床数	3,717	7.72	8.14	0	50

27　茨城県東海村の東海病院の 2018（平成 30）年の入院収益 1,893 千円と外来収益 75 千円の合算値が著しく低いことから、本データから除く。

28　職員数の 1 の医療機関は、2016（平成 28）年度データにおいて、奈良県生駒市生駒市立病院、新潟県湯沢町湯沢病院、広島県広島市安芸市民病院、山形県鶴岡市湯田川温泉リハビリテーション病院、千葉県銚子市銚子市立病院、茨城県東海村東海病院、静岡県浜松市浜松市リハビリテーション病院、京都府精華町国保病院、静岡県袋井市聖隷袋井市民病院、新潟県魚沼市小出病院、福井県公立丹南病院組合丹南病院、静岡県浜松市浜松医療センター、新潟県さくら福祉保健事務組合南部郷厚生病院、新潟県上越市上越地域医療センター病院、長崎県大村市市立大村市民病院である。

29　本節では、経営効率要因が欠損している場合には、0 として推計を行う。

30　労働分配率の最高値 36,231.32 は北海道中富良野町町立病院、最低値の -80,013.02 は北海道厚沢部町国保病院である。

83

パネル B

	項目	単位	標本数	平均	標準偏差	最小値	最大値
			2016 年				
医業費用要因	医業費用対医業収益	‰	531	1297.19	393.32	0	3836.75
	職員給与費対医業収益	‰	531	685.34	266.91	0	2215.55
	材料費対医業収益	‰	531	203.90	86.37	0	510.54
	減価償却費対医業収益	‰	531	105.78	60.68	0	620.03
	経費対医業収益	‰	531	302.17	181.31	0	1310.49
財政支援要因	補助金対医業収益	%	531	1.98	8.44	0	186.48
	繰入金対医業収益	%	531	27.47	27.86	0	191.49
	繰入金（医業）対医業収益	%	531	4.67	4.54	0	31.48
	補助金（改正前医業外）対医業収益	%	531	0.60	2.71	0	43.56
	繰入金（改正前医業外）対医業収益	%	531	19.41	22.95	0	159.22
	補助金（資本収益）対医業収益	%	531	1.38	6.37	0	142.92
	繰入金（資本収益）対医業収益	%	531	2.28	3.03	0	21.30
	補助金（改正後医業外）対医業収益	%	531	21.70	23.57	0	164.12
	繰入金（改正後医業外）対医業収益	%	531	1.98	8.44	0	186.48
			2019 年				
医業費用要因	医業費用対医業収益	‰	531	1319.57	434.42	0	3664.54
	職員給与費対医業収益	‰	531	707.20	289.33	0	2153.41
	材料費対医業収益	‰	531	194.98	87.56	0	627.84
	減価償却費対医業収益	‰	531	99.60	53.81	0	453.03
	経費対医業収益	‰	531	317.79	193.38	0	1214.41
財政支援要因	補助金対医業収益	%	531	1.71	3.26	0	37.55
	繰入金対医業収益	%	531	29.94	33.00	0	252.93
	繰入金（医業）対医業収益	%	531	5.10	5.60	0	48.58
	補助金（改正前医業外）対医業収益	%	531	0.56	2.09	0	37.55
	繰入金（改正前医業外）対医業収益	%	531	21.50	27.77	0	219.33
	補助金（資本収益）対医業収益	%	531	1.15	2.37	0	35.84
	繰入金（資本収益）対医業収益	%	531	2.49	3.37	0	26.58
	補助金（改正後医業外）対医業収益	%	531	24.00	28.60	0	228.37
	繰入金（改正後医業外）対医業収益	%	531	1.71	3.26	0	37.55
			2022 年				
医業費用要因	医業費用対医業収益	‰	531	1406.99	518.55	0	3928.19
	職員給与費対医業収益	‰	531	782.29	346.31	0	2731.94
	材料費対医業収益	‰	531	200.65	87.95	0	533.32
	減価償却費対医業収益	‰	531	101.93	56.90	0	464.04
	経費対医業収益	‰	531	322.13	206.91	0	1551.81
財政支援要因	補助金対医業収益	%	531	14.74	18.89	0	225.61
	繰入金対医業収益	%	531	33.19	38.62	0	260.28
	繰入金（医業）対医業収益	%	531	5.45	6.34	0	58.69
	補助金（改正前医業外）対医業収益	%	531	13.38	18.47	0	220.93
	繰入金（改正前医業外）対医業収益	%	531	24.71	33.87	0	222.33
	補助金（資本収益）対医業収益	%	531	1.37	2.04	0	27.88
	繰入金（資本収益）対医業収益	%	531	2.73	3.36	0	20.71
	補助金（改正後医業外）対医業収益	%	531	27.44	34.86	0	240.34
	繰入金（改正後医業外）対医業収益	%	531	14.74	18.89	0	225.61

4．推定結果

　本節では、仮説に基づき、補助金および一般会計からの繰入金等の財政措置が病院事業運営に与える影響を詳細に検証し、その結果を表 3.5 に示す。分析では、補助金および繰入金が医業費用に与える影響の程度を明らかにするとともに、これらの財政措置がどのような要因で異なる影響を及ぼしているかを考察する。パネル A には仮説 1 の結果、パネル B には仮説 2 の結果が示されており、これらは経営効率化要因や構造要因をコントロールした固定効果モデルによる推計結果である。固定効果モデルの採用は、HausmanTest に基づいて選択された。

パネル A：補助金および繰入金の影響

　パネル A のモデル（1）の結果では、補助金対医業収益および繰入金対医業収益がいずれも医業費用対医業収益に対して正の有意性を示した（1％水準）。この結果から、公立病院が地域医療の維持や高度医療の提供、不採算地区における医療サービスの提供を目的として受ける補助金や繰入金が、医業費用を増加させていることが示唆される。また、一般会計からの繰入金は補助金よりも医業費用に強い影響を与えており、国庫補助金および都道府県補助金の係数値よりも繰入金の係数値が高い結果となった。これにより、繰入金が財政補填としての役割を果たし、病院運営においてソフトな予算制約をもたらす可能性が示唆される。

　モデル（2）からモデル（5）の結果では、医業費用をさらに細分化し、職員給与費、材料費、減価償却費、経費に分けて分析した。その結果、職員給与費、減価償却費、経費において補助金および繰入金が正の有意性を示した（1％水準）。特に、材料費を除く項目で繰入金対医業収益の係数値が補助金対医業収益を上回る傾向が確認されたことから、繰入金が病院運営において財政的に重要な役割を果たしていることがわかる。

パネル B：会計制度改正の影響

　パネル B では、会計制度改正前後における補助金および繰入金の影響を分析した。モデル（1）では、医業部分の財政措置において、繰入金（医業）対医業収益が医業費用対医業収益に正の有意性を示した（1％水準）。モデ

ル（2）では、医業外部分の財政措置において、改正前の補助金および繰入金（いずれも医業外収益）が医業費用対医業収益に正の有意性を示し（1%水準）、さらに補助金が繰入金を上回る結果が得られた。この傾向は、モデル（3）の会計制度改正後でも同様であった。

モデル（4）では、医業部分および医業外部分をさらに細分化し、長期前受戻入の有無に基づいて分析を行った。その結果、繰入金（医業）および繰

表3.5　推計結果

パネルA

		医業費用対医業収益	職員給与費対医業収益	材料費対医業収益	減価償却費対医業収益	経費対医業収益
		(1)	(2)	(3)	(4)	(5)
財政支援要因	補助金対医業収益	2.484**	1.363**	0.233**	0.195**	0.693**
		(0.138)	(0.100)	(0.031)	(0.038)	(0.082)
	繰入金対医業収益	9.492**	5.679**	0.112**	0.839**	2.861**
		(0.153)	(0.111)	(0.034)	(0.042)	(0.091)
経営効率要因	労働生産性	-0.324**	-0.038	-0.007	-0.030**	-0.249**
		(0.033)	(0.024)	(0.007)	(0.009)	(0.020)
	労働分配率	0.0003	0.0010	-0.0002	-0.0001	-0.0004
		(0.0008)	(0.0005)	(0.0002)	(0.0002)	(0.0004)
構造要因	病床数	0.070	0.035	0.034**	0.017	-0.017
		(0.039)	(0.028)	(0.009)	(0.011)	(0.023)
	施設延面積	-0.000	-0.001	-0.000	0.002**	-0.001
		(0.001)	(0.001)	(0.000)	(0.000)	(0.001)
	事業期間	-1.453	0.087	-0.291	-0.743**	-0.505
		(0.932)	(0.677)	(0.209)	(0.255)	(0.551)
	不採算地区病床数	0.032	0.053**	-0.035**	0.007	0.007
		(0.018)	(0.013)	(0.004)	(0.005)	(0.011)
	救急告知病床数	-2.855*	-1.041	0.723*	-0.803*	-1.734*
		(1.312)	(0.953)	(0.294)	(0.359)	(0.775)
	年度ダミー	Yew	Yew	Yew	Yew	Yew
	_cons	1123.626**	534.148**	213.981**	96.116**	279.381**
		(59.629)	(43.339)	(13.384)	(16.323)	(35.227)
	標本数	3,717	3,717	3,717	3,717	3,717
	F Test	348.904	288.722	14.4502	35.0792	90.581
	尤度比検定	-22102	-20916	-16549	-17287	-20146

備考）数値は回帰係数、括弧内はロバスト標準誤差を表す。なお、** は有意水準 1%、* は同 5% を表す。

パネル B

		医業費用対医業収益 (1)	医業費用対医業収益 (2)	医業費用対医業収益 (3)		医業費用対医業収益 (4)
財政支援要因	繰入金（医業）対医業収益	37.618**			繰入金（医業）対医業収益	19.077**
		(1.382)				(0.990)
	補助金（改正前医業外）対医業収益		2.300**		補助金（医業外）対医業収益	1.828**
			(0.149)			(0.133)
	繰入金（改正前医業外）対医業収益		10.565**		繰入金（医業外）対医業収益	8.891**
			(0.182)			(0.172)
	補助金（改正後医業外）対医業収益			10.441**	補助金（長期前受戻入）対医業収益	9.634**
				(0.168)		(0.848)
	繰入金（改正後医業外）対医業収益			2.394**	繰入金（長期前受戻入）対医業収益	18.116**
				(0.138)		(1.029)
経営効率要因	病床利用率	-3.046**	-1.860**	-1.781**	病床利用率	-1.812**
		(0.219)	(0.171)	(0.164)		(0.152)
	在院日数	2.778**	1.542**	1.464**	在院日数	1.336**
		(0.502)	(0.385)	(0.370)		(0.342)
	1日平均患者数	2.321**	0.956	0.731	1日平均患者数	0.742
		(0.745)	(0.572)	(0.549)		(0.508)
	患者1人1日当たり診療報酬	1.213**	0.968**	1.014**	患者1人1日当たり診療報酬	1.076**
		(0.407)	(0.313)	(0.300)		(0.278)
	医師1人当たり診療収入	-0.004	0.003	0.005	医師1人当たり診療収入	0.004
		(0.004)	(0.003)	(0.003)		(0.003)
	看護部門1人1日当たり診療収入	0.005	-0.033	-0.034	看護部門1人1日当たり診療収入	-0.021
		(0.026)	(0.020)	(0.019)		(0.018)
	検査技師1人1日当たり診療収入	-0.118	0.009	0.029	検査技師1人1日当たり診療収入	0.063
		(0.097)	(0.075)	(0.072)		(0.066)
	放射線技師1人1日当たり診療収入	0.160	0.011	0.013	放射線技師1人1日当たり診療収入	-0.010
		(0.196)	(0.150)	(0.144)		(0.133)
構造要因	病床数	-0.001	0.012	0.016	病床数	0.042
		(0.057)	(0.044)	(0.042)		(0.039)
	施設延面積	-0.000	-0.000	-0.000	施設延面積	0.001
		(0.001)	(0.001)	(0.001)		(0.001)
	事業期間	-1.572	-1.729	-1.578	事業期間	-1.477
		(1.249)	(0.958)	(0.919)		(0.850)
	不採算地区病床数	0.123**	0.055**	0.048**	不採算地区病床数	0.033*
		(0.024)	(0.019)	(0.018)		(0.017)
	救急告知病床数	-4.841**	-1.881	-1.529	救急告知病床数	-1.913
		(1.758)	(1.349)	(1.293)		(1.198)
年度ダミー		Yew	Yew	Yew	年度ダミー	Yew
	_cons	1,288.61**	1,236.62**	1,195.65**	_cons	1,083.89**
		(80.420)	(61.591)	(59.094)		(54.905)
	標本数	3,717	3,717	3,717	標本数	3,717
	F Test	76.1234	228.924	262.262	F Test	290.358
	尤度比検定	-23184	-22197	-22040	尤度比検定	-21750

備考）数値は回帰係数、括弧内はロバスト標準誤差を表す。なお、** は有意水準 1%、* は同 5% を表す。

入金（長期前受戻入）の影響が特に大きいことが確認された。このことから、補助金および繰入金のいずれも医業費用に影響を与えるが、繰入金の方が財政的影響が強いことが明らかとなった。

コントロール変数の影響

分析においては、経営効率要因および構造要因をコントロール変数として採用した。労働生産性は、医業費用対医業収益に対して負の有意性を示し、特に減価償却費および経費に対してその効果が顕著であった（1％水準）。これにより、医療関係者1人当たりの付加価値が高い場合、医業収益に対する医業費用が抑制されることが明らかとなった。構造要因として、不採算地区病床数が医業費用を増加させる要因となる一方で（1％水準）、救急告知病床数は費用を抑制する要因となることが示された（5％水準）。

結論と政策的示唆

以上の結果から、補助金および繰入金が公立病院の医業費用を膨張させる要因であることが明らかとなった。特に、繰入金の影響が補助金を上回る傾向が確認されたことは、病院運営における予算制約が緩和される可能性を示唆している。このため、補助金および繰入金の額や条件の適正化が必要であり、効率的な病床運営や収益構造の改善を通じて、医業費用の抑制を図ることが重要である。特に、努力水準に応じた財政措置の再設計が求められている。

5．病院事業運営と効率化

持続可能な地域医療提供体制を確保するために、国や地方自治体は、地域医療構想や医師の働き方改革等への対応を進めるなかで、過疎地域等において必要とされる不採算・特殊医療を担う公的病院等の運営経費に対する地方財政措置の拡充を図っている。例えば、建築単価の引上げがある。近年の資材費高騰等の状況を踏まえ、2022（令和4）年には、公立病院の新設や建替えに対する地方交付税措置において、建築単価の上限を40万円/m^{2}から47万円/m^{2}に引き上げた。また、医師や看護師等の確保が困難な過疎地域等に所在する、または救急医療を担う公的病院等には、新たに医師・看護師等派遣の受入に要する経費に対する特別交付税措置が設けられた。さらに、

過疎地域等に所在する公的医療機関が運営する無床診療所の運営経費にも特別交付税措置が適用されることとなった。

　一方で、高齢化に伴う著しい人口減少を背景に、将来の医療需要を見据えた適切な医療提供体制の構築が求められている。厚生労働省がまとめた2025（令和7）年の見通しによれば、重症者対象の急性期病床が過剰となり、回復期病床が不足する事態が予想されており、このままでは財政悪化につながる懸念がある。本来、都道府県が策定する地域医療構想によって医療機関ごとの病床削減や転換が進められるべきであるが、現状では進捗が遅れている。COVID-19の影響を受け、医療提供体制の方向性が見直されつつあり、各都道府県では第8次医療計画（2024（令和6）年度～2029（令和11）年度）の策定が進行している。この計画では、病床の機能分化・連携に新興感染症等への対応が加わり、地域医療構想の検討には民間医療機関も含まれるようになった。

　地域医療構想は、2015（平成27）年に医療介護総合確保推進法に基づいて策定されたものであり、病床機能の分化と連携を目的とした医療提供体制の整備を目指している。その実現に向けて、医療法に基づく知事の権限強化、医療介護総合確保基金の設置、地域医療構想調整会議の開催が進められてきた。また、2015（平成27）年には「新公立病院改革ガイドラインに基づく更なる改革の推進」が、2017（平成29）年には「地域医療の確保と公立病院改革の推進に関する調査研究会報告書」が策定され、財政措置や特別交付税措置を通じて、都道府県の役割と責任を強化しつつ、公立病院の経営効率化や再編・ネットワーク化が推進されてきた。

　地域医療構想に基づき、公立病院の役割が明確化されつつある。将来の医療需要と必要病床数を示した地域医療構想に基づき、地域医療調整会議を通じて地域特性に応じた病床機能や地域包括ケアシステムの構築が検討されている。例えば、中小規模病院には在宅医療の役割が、大規模病院には緊急時の病床確保や医療人材育成の役割が求められる。さらに、地域ごとの特性や医療機関の配置により、公立病院の重要性は異なる。

　経営効率化の観点では、経営指標の経年比較や類似団体との比較（経営比較分析）、業務の「見える化」、PDCAサイクルの確立が求められている。特に、1つの経営主体が複数の医療機関を統括する場合、経常黒字化の目標設定は医療機関ごとに異なり、個別の特性を反映した収支改善が求められる。

再編・ネットワーク化では、地域全体で必要な医療サービスを提供できる体制の構築が求められる。基幹病院とサテライト病院、診療所などが機能分担と連携を進めることが重要であり、図 3.4 に示される基幹病院・サテライト型、統合型、統合・再編型、再編・ネットワーク型のいずれかを採用する形が考えられる。公立病院や民間病院が連携する場合には、機能の重複や競合が課題となるが、地域医療構想調整会議を活用することで、統合や譲渡に向けた合意形成や地域住民の理解促進が進むことが期待される。

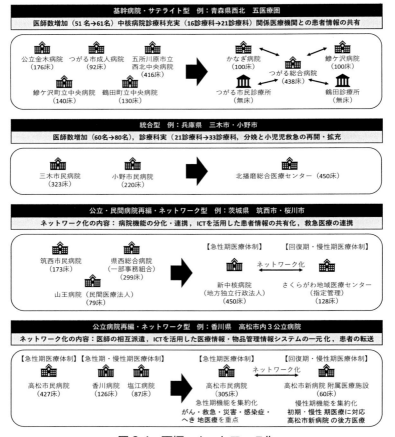

図 3.4　再編・ネットワーク化

出典）総務省（2018）「地域医療の確保と公立病院改革の推進に関する調査研究会」および足立（2019）「公立病院事業再編と財政措置」をもとに作成

第 3 章　病院事業における地方公営企業会計と財政措置

　民間活用等を通じた経営形態の見直しでは、表 3.6 に示されるように、地方公営企業法の全部適用、独立行政法人化、指定管理者制度の導入、さらには民間譲渡といった選択肢がある。これらの手法は、公立病院の効率的な運営や財政負担の軽減を目指して検討されている。しかしながら、地方公営企業と地方独立行政法人では経営形態が異なることから、退職給付引当金の計上方法に相違がある点が課題となる。特に、事業廃止が行われた場合、退職給付引当金の扱いを巡り多額の財政負担が発生する可能性が指摘されている。このような事態を回避するためには、以下の対応が求められてくる。

　　１．経営形態の見直しを支援するための制度運用上の対応策の検討
　　２．地方独立行政法人における退職給付引当金の計上方法の見直し
　　３．事業廃止時に発生する多額の財政負担に対する措置の検討

　これらの課題に適切に対応することは、持続可能な医療提供体制を維持する上で重要である[31]。
　さらに、地方財政措置の見直しも進められており、2015（平成 27）年以降、公立病院等の再編・ネットワーク化に対する財政措置が重点化されてい

表 3.6　経営の類型化

種類	規定	定義	効果	具体例
地方公営企業法全部適用	地方公営企業法第 2 条第 3 項	病院事業に対し財務規定を含め規定の全部適用	人事・予算等に係る権限が付与、自律的経営	埼玉県病院事業
独立行政法人	独立行政法人法	地方独立行政法人を設立／経営譲渡	地方公共団体と別法人格の経営主体予算・財務・契約、職員定数・人事面で自律的・弾力的経営および権限・責任の明確化	山形県・酒田市病院事業「経営統合」「地方独立行政法人制度導入」
指定管理者制度	地方自治法第 244 条第 2 第 3 項	普通地方公共団体指定の法人・団体が管理	民間医療法人等を指定管理者と指定民間の経営手法の導入	宮城県黒川地域行政事務組合「公立黒川病院」
民間譲渡		公立病院を民間の医療法人等への譲渡が望ましい地域を検討地域医療の確保から譲渡条件等の十分な協議が必要		名古屋市西部医療センター城西病院山梨県石和町国民健康保険峡東病院

出典）総務省（2018）「地域医療の確保と公立病院改革の推進に関する調査研究会」および足立（2019）をもとに作成

31　Alonso et al.（2016）はスペインのマドリードにある医療機関の 2011（平成 23）年から 2014（平成 26）年のデータを使用して、公的医療機関の統合よりも PPP 導入後のほうが職員の賃金、なかでも看護師の人件費が削減できていることを明らかとなった。Roos et al.（2018）は、Difference-in-Difference Model を用いて、オランダの医療機関の統合前後で保険者、立地や医療サービスに応じて、医療費が有意に異なるかを検証している。公立病院の PPP 導入についても、PPP 政策実施によって経営の効率性が変化しているかについても分析がなされている。

91

る。これらの取り組みは、新公立病院改革プランに基づき実施されており、表3.7に示されるように、施設・設備の整備に係る病院事業債（特別分）措置が設けられている。この措置は、通常の整備で適用される地方交付税措置（25％）よりも手厚く、病院事業債（特別分）の対象となる場合には、元利償還金の40％が普通交付税措置として認められる。統合と再編では、財政措置の内容が異なる。統合の場合、複数の病院が統合し、1医療機関以上が減少することを原則とする。さらに、経営主体も統合される場合には、原則として整備費全額が病院事業債の特別分措置の対象となる。一方、再編では、機能分担による病床規模や診療科目の見直しが条件とされ、経営主体の統合が求められる。この場合、再編に直接関連する経費のみが特別分措置の対象となる。2016年度以降には、特別交付税措置の重点化が加わり、措置率の8割が適用される仕組みが導入された。これにより、都道府県の役割と責任が強化されるとともに、都道府県の財政力に応じた算定が行われている。これらの施策は、公立病院等の経営基盤を強化し、持続可能な医療提供体制を構築する上で重要な役割を果たしている。しかしながら、財政措置には課題も残る。統合や再編が進まない場合、措置が適用されない可能性があるほか、地域の医療需要と整備内容の間に乖離が生じるリスクも指摘されている。したがって、制度を有効に機能させるためには、地域医療構想に基づく計画的な病院の再編とネットワーク化が不可欠である[32]。

表3.7　施設への財政措置

	施設への措置	施設以外の措置
地方公営企業法の全部適用		
指定管理者制度	建設改良費の元利償還金への普通交付税措置継続	退職手当支給への経費に退職手当債措置
地方独立行政法人化	①従来の建設改良費の元利償還金への普通交付税措置等	新たな経営主体（一部事務組合、広域連合又は地方独立行政法人）の設立及び既存の一部事務組合等への参画に際し、構成団体の継承する不良債務への地方債措置
民間譲渡	②不要施設除却経費への一般会計繰出（特別交付税措置）	
事業形態見直し	③他用途転用・経過年数10年以上施設等の財産処分における元利償還金への普通交付税措置	
再編・ネットワーク化	病院事業債への普通交付税措置	

出典）総務省（2018）「地域医療の確保と公立病院改革の推進に関する調査研究会」および足立（2019）をもとに作成

32　ただし、経営主体の統合を伴わない場合でも、1）機能分担による病床規模または診療科目の見直し、2）共同購入等による医薬品・診療材料等の効率的調達、3）医師の相互派

第 3 章　病院事業における地方公営企業会計と財政措置

　公立病院では、地域医療構想を基軸に再編が進められているものの、急性期病床の過剰と回復期病床の不足という課題は依然として解消されていない。厚生労働省（2019（平成31）年）の調査では、2025（令和7）年度においても公立病院の病床数が現状からほとんど減らない見通しであり、再編の進捗が遅れている現状が明らかとなった。この動きは、COVID-19 の影響によってさらに困難な状況にある。2025（令和7）年以降、高齢者人口は 2040（令和22）年にピークを迎え、減少に転じることが予想される。このため、中長期的な視点から課題を整理し、新たな地域医療構想を策定することが求められている。

　急性期医療の病床が過剰である状況は、医療費の膨張を招く重大な要因である。高度急性期医療では、手厚い医療が求められるために医師や看護師の充実した配置が必要となり、それに伴い診療報酬も手厚く設定されている。その結果、急性期の病床は他の医療機能と比較して著しく高い医療費を生じさせている。したがって、急性期病床数を実態に応じて削減し、在宅復帰を目指す回復期病床への転換を進めることが急務である。

　こうした中、厚生労働省（2019年）は、公立病院を含むすべての医療機関の診療実績データを分析し、診療実績が少ない、または類似しているとされた病院については、医療機能の統合や再編を地域医療構想調整会議で協議するよう要請した。このような取り組みは、非効率な医療提供を是正し、持続可能な地域医療体制を実現するために必要である。COVID-19 は、公立病院が直面する課題を一層浮き彫りにした。経営条件が厳しい不採算地区病院は、平常時の医療提供に加え、発熱外来の開設、PCR 検査、行政と連携した住民の健康相談対応やワクチン接種促進等に取り組んできた。こうした状況を踏まえ、不採算地区病院の機能維持と地域医療体制の確保を目的として、2021（令和3）年度には特別交付税の基準額が 30％引き上げられた。この措置は 2023（令和5）年度も継続される予定であり、地域医療を支えるための重要な財政措置となっている。

　しかし、医療機関の再編・統合・集約化は、住民に不安を与える可能性があるため、慎重対応が求められる。医療提供体制の再構築においては、病

　遣による協力体制の構築、4）医療情報の共有等による医療提供の連携体制の構築が行われていれば再編に係る経費の対象とする。

院経営の効率性の検証だけでなく、医療を利用する住民の動向やニーズに基づいた議論が不可欠である（野竿, 2007; Adachi et al., 2013; 足立他, 2012; 小林, 2015; 大谷・福田, 2019）。高齢化と人口減少が進む中、自治体病院の役割や医療提供体制の在り方を見直す必要がある。そのためには、医療ニーズに対応した病床機能の再編を図るとともに、地域住民との合意形成を通じて持続可能な医療提供体制の構築を目指すことが重要である。

<table>
<tr><td>第 4 章</td><td>下水道事業における価格設定と
財政措置</td></tr>
</table>

1．使用料水準と経費回収率

　次いで本章では、下水道事業について取り上げる。下水道とは、下水道法第 2 条第 2 号において「下水の排除を目的として設置された排水管、排水渠およびその他の排水施設（灌漑排水施設を除く）ならびにこれらに接続して下水を処理するポンプ施設等の総体」と定義されている[33]。下水道事業は、我々の日常生活と深く関わり、汚水の処理や雨水の排除による浸水防除、生活環境の改善、さらに公共用水域の水質保全といった多様な役割を果たしてきた。その具体的な事業内容は、家庭や企業で発生した汚水や雨水を勾配のある管渠を通じて集め、ポンプ場で汲み上げながら処理施設に送るものである。雨水は河川や海に放流され、汚水は下水処理場で沈砂池、沈殿池、反応タンク、高度処理を経た後、最終沈殿池で処理される。汚泥は汚泥処理施設に送られ、上澄み水は消毒されてから海へ放流される。このように、下水道事業を支えるためには、排水管、排水渠、水処理施設、汚水処理施設、ポンプ施設など多様な施設の整備が不可欠である。

　下水道事業は、目的や地域の特性に応じていくつかの種類に分類される。例えば、流域下水道、公共下水道、集落排水事業、雨水公共下水道、都市下水路、特定環境保全公共下水道などがある。流域下水道とは、1 つの河川や湖沼の区域において複数の市町村にまたがって下水道整備を行う。流域下水道では、広域的に下水を集め、終末処理場で浄化した上で、公共用水域に放流する。管理は、原則として都道府県が行う。

　公共下水道は、市街地の汚水収集と排除を目的とし、市町村が設置・管理する施設である。公共下水道には、河川や海へ直接汚水を放流する施設と、流域下水道に接続して汚水を排除する施設が含まれる。これに対し、雨水公共下水道は、雨水の排除に特化した下水道であり、地方公共団体が管理して

33　同法第 2 条第 3 号には公共下水道、および同条第 4 号には流域下水、同条第 5 号には都市下水路が規定されている。

いる。雨水を河川や公共用水域に放流する事業がこれに該当する。

　また、市街地の浸水被害を防ぐための施設として、都市下水路がある。この施設は主に市街地の雨水を排除するものであり、設置および管理は市町村が行う。汚水の処理を担う類似施設として、集落排水施設および浄化槽も存在する。集落排水施設には、農業、漁業、林業集落向けの排水施設や簡易排水施設、小規模集合排水処理施設が含まれる。浄化槽には特定地域生活排水処理施設や個別排水処理施設がある。

　表 4.1 には、公共下水道、特定環境保全公共下水道、農業集落排水や浄化槽事業について、それぞれの目的、根拠法、使用実績を示している。下水道事業を所管する主体で分類すると、次のように分けられる[34]。下水道法に基づく事業は国土交通省が所管し、公共下水道（特定公共下水道および特定環境保全公共下水道を含む）や流域下水道がこれに該当する。一方、農林水産省が所管する事業には、農業、漁業、林業集落排水施設、簡易排水施設、小規模集合排水処理施設があり、環境省所管の事業としては、特定地域生活排水処理施設や個別排水処理施設がある。これらはそれぞれの法的枠組みの中で運営・管理されている。

表 4.1　下水道事業の種類

		公共下水道事業 特定環境保全公共下水道事業	農業集落排水事業	合併浄化槽設備事業
根拠		下水道法	農業集落排水資源循環統合補助事業	浄化槽設置整備事業・ 浄化槽市町村整備推進事業
目的		都市の健全な発達および公衆衛生向上に寄与し、公共用水域・自然環境・農山漁村の水質保全に資する。	農業集落における農業用用水の水質保全、農業用排水施設の機能維持、農村生活環境の改善および公共用水域の水質保全	公共用水域等の水質の保全の観点から、し尿および雑排水の適正な処理をはかり、生活環境保全および公衆衛生向上に寄与する。
対象		公共下水道（主に市街地） 特定環境保全公共下水道 （市街化区域以外の区域）	農業振興地域内の農業集落	予定処理区域以外の地域 （下水道法認可の事業計画）
設置・管理主体		地方公共団体	地方公共団体	個人または地方公共団体（市町村）
予算措置		法律補助	予算補助	予算補助
整備内容	汚水処理	○	○	○
	汚泥処理	○	○	
	雨水対策	○		
各種法令		地方公営企業法	財務省令	国庫補助事業実施要綱
期間		処理場 23年、管渠 50年	処理場 23年、管路施設 50年	7年
使用実績		終末処理場土木建築物　50-70年 終末処理場機会電気設備　15-35年 管渠　50-120年	終末処理場土木建築物　50-70年 終末処理場機会電気設備　15-35年 管渠　50-120年 （国土交通省に準拠）	躯体　30年- 機器設備等　7-15年

出典）国土交通省「下水道事業における事業マネジメント実施に関するガイドライン 2024 年版」および足立（2024）をもとに作成

34　雨水流域下水道は公営企業であるものの、雨水公共下水道や都市下水路は一般会計となる。

第4章　下水道事業における価格設定と財政措置

　下水道事業の経営を評価する重要な指標として、経費回収率と使用料水準が挙げられる[35]。経費回収率とは、汚水処理に要した費用に対して使用料収入でどの程度回収できているかを示す指標である。総務省「令和4年度地方公営企業年鑑決算」によれば、下水道事業全体の経費回収率は平均97.6%である。しかし、100%に達していない要因として、処理区域内人口密度が低い公共下水道事業や特定環境保全公共下水道、農業・漁業・林業集落排水施設、特定地域生活排水処理施設などで経費回収率が低いことが挙げられる。

　経費回収率は、供用開始からの経過年数に応じて上昇する傾向があり、概ね供用開始後41年以上で100%を超える。しかし、経費回収率が100%を下回る場合、これは汚水処理費を使用料収入だけで賄うことが難しい状況を意味している。図4.1では、経費回収率と使用料水準の関係が示されており、下水道事業における財政措置の目安となる使用料3,000円（20 m³/月）を超える地域も少なくない。例えば、経費回収率が低い集落排水処理施設では、一般家庭用使用料（20 m³/月）が以下のように高水準である。

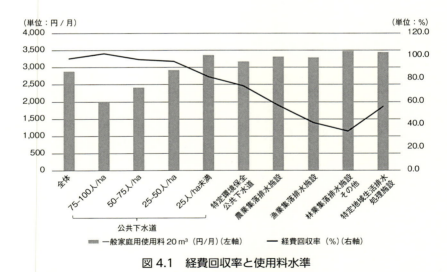

図 4.1　経費回収率と使用料水準

出典）総務省「令和4年地方公営企業決算状況：下水道事業」および足立（2024）をもとに作成

35　経費回収率とは、使用料収入に対して、汚水処理費用から公費負担額を差し引いた値で除して導出される。

- 農業集落排水：3,307 円（経費回収率 57%）
- 漁業集落排水：3,284 円（経費回収率 41.9%）
- 林業集落排水：3,474 円（経費回収率 34.2%）
- 特定地域生活排水処理施設：3,439 円（経費回収率 55.9%）

　一方、人口密度が高い地方公共団体では、例えば人口密度 75〜100 人／ha の地域での平均使用料は 2,009 円である。しかし、人口密度が低い地方公共団体では使用料が 3,000 円を超える場合が多く、人口密度や事業種に応じて料金格差が生じている。下水道の使用料金は、地方公営企業法第 21 条に基づき、公正妥当かつ能率的な経営を前提とし、適正な原価に基づく料金設定が求められる。下水道事業は水道事業と同様に総括原価方式を採用しており、経費の算入項目には流域下水道維持管理負担金、人件費、薬品費、動力費、修繕費、減価償却費、支払利息、委託料、企業債取扱諸費などが含まれる。これらの項目は細かく定義されており、透明性のある経営が求められる。

　さらに、下水道法第 20 条では、下水の量および水質が妥当であること、効率的な管理のもとで適正な原価が明確に定められることが規定されている。有収水量 1 m^3 あたりの使用料単価は、全事業平均の水洗化率および月額 3,000 円（20 m^3）を前提としてきたが、実際には全国平均で 3,000 円を上回る地域が多いのが現状である（総務省「公営企業の経営に当たっての留意事項について」、2014（平成 26）年）。

　汚水処理に係る経費をすべて使用料収入で賄う場合、事業規模や事業種ごとに必要とされる料金水準に大きな差異が生じる。図 4.2 に示されるように、現行の財政措置を条件とした場合、浄化槽では平均的に 2,573 円の値上げが必要となる。一方で、汚水公費に関する現行の財政措置がない場合には、汚水処理経費の回収に必要な使用料金水準が最も高い事業種では、集落排水において 8,009 円の値上げが必要になると試算されている。さらに、汚水処理経費をすべて使用料収入で賄う場合には、最大で 11,000 円程度の値上げが生じる。しかし、汚水処理に対して現行の財政措置が適用されていることで、平均的に最大 6,000 円程度まで値上げを抑えることが可能となっている。このことから、汚水資本費に対する公費負担の必要性は極めて高いといえる。

第 4 章　下水道事業における価格設定と財政措置

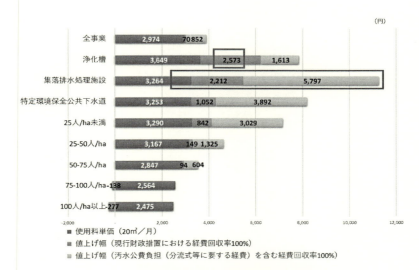

図 4.2　経費回収率を踏まえた使用料の検討

出典）総務省（2019）「使用料と公費負担」および足立（2024）をもとに作成

　今後も人口減少が進行する中で、下水道事業を適切に維持・運営していくには、財源の確保が喫緊の課題である。特に、財政負担の構造を明確化し、住民に使用料の設定根拠を十分に理解してもらうことが重要である。使用料金の負担増に対する住民の理解を得るためにも、下水道財政の仕組みを簡明かつ透明なものにする必要がある。また、汚水処理の持続可能な運営を実現するためには、現行の公費負担措置を継続しつつ、下水道事業の在り方そのものを再検討することが求められる。具体的には、地域特性や事業種別の収支構造を踏まえた上で、より公平で効率的な財政措置の在り方を模索する必要がある。

２．経費負担の原則と維持管理

　下水道事業に要する経費は、汚水処理事業を対象としながらも、すべての経費が使用料金で賄われているわけではない。下水道事業には「経費負担の原則」があり、この原則に基づき、一般会計からの繰入が認められている。この仕組みは、汚水処理と雨水処理にかかる費用を分けて考える考え方に基づいている。具体的には、汚水処理は下水道が設置された土地でのみ利用可

能であるため、その費用を利用者が負担することが適切であるとされる。一方で、雨水処理は河川や溝渠など下水道以外の方法でも対応可能であり、公共の利益に資するものとみなされるため、公費で賄うことが原則とされている。この考え方は「雨水公費・汚水私費」と呼ばれており、下水道事業における財政措置の基本となっている。

　この原則の起源は、1961（昭和36）年に開催された下水道財政研究会の「雨水公費・汚水私費の原則」に遡る。当時は、雨水の利用者負担分と汚水の公費負担分をほぼ同程度とみなす「相殺論」が議論されたが、最終的には、雨水排除を公費負担とし、汚水およびし尿の処理・排除を個人負担とする現在の考え方に転換された。この転換により、下水道事業では、汚水処理が使用料などの私費負担で賄われ、雨水処理が公費で充当される仕組みが確立された。その後、下水道事業における雨水処理と汚水処理を一体的に整備するための財政措置として、公費負担率7割が設定された。この措置により、地方自治体が下水道事業を効率的かつ公平的に運営できるよう支援されてきた。さらに、2006（平成18）年には財政措置の見直しが行われ、分流式汚水資本の増加分を公費負担とする方針が導入された。また、下水道事業の効率性が処理区域内の人口密度と相関関係を持つことが確認され、人口密度に応じた公費負担が設定された。これによって、人口密度が低い地域での公費負担の重要性が再認識され、財政措置がより地域特性に応じた形で行われるようになった。

　現在の財政措置は、主に以下の4つの経費を対象として実施されている。

1．下水道施設の建設および改良に要する経費
　　下水道インフラを新設したり、老朽化した施設を更新するための費用。
2．維持管理に要する経費
　　下水道施設の日常的な保守・管理、ポンプ場や管渠の修理に必要な費用。
3．高資本費対策に要する経費
　　高額な資本投資が必要な地域や施設に対する財政支援。
4．高度処理に要する経費
　　汚水をより効果的に浄化するための設備や技術に関する費用。

第 4 章　下水道事業における価格設定と財政措置

表 4.2　下水道事業における費用負担への検討

	1961 年 第 1 次研究会	1966 年 第 2 次研究会	1973 年 第 2 次研究会	1979 年 第 4 次研究会	1985 年 第 5 次研究会
費用負担の原則	雨水公費・汚水私費	公費負担増大	建設公費、汚水に係る 維持管理費私費の原則	国、地方公共団体、 利用者の適正負担	国、地方公共団体、使 用者の適切な費用負担 汚水分の一部公費負担
資本費					
公費負担配分	汚水：雨水 = 5：5	汚水：雨水 = 3：7	汚水：雨水 = 3：7	汚水：雨水 = 3：7	汚水：雨水 = 3：7
公費負担率	50%	70%	原則公費		
維持管理費					
公費負担配分	汚水：雨水 = 7：3	汚水：雨水 = 7：3	汚水：雨水 = 7：3	汚水：雨水 = 7：3	汚水：雨水 = 7：3
公費負担率	30%	30%	雨水分	雨水分	雨水分
建設改良費					
受益者負担	1/5-1/3	1/5-1/3	末端管渠の整備関連と 負担金額の明示	末端管渠整備相当額	末端管渠整備相当額
国庫負担金	1/3	1/2	補助率の水準の改善	補助対象範囲の拡大	補助対象範囲および 補助率の維持
地方負担	残額	残額	地方債 充当率の引上げ 交付税措置の改善	地方債 充当率の引上げ 公的資金割合の引上げ	地方債 資金構成割合の引上げ 償還期間の延長

出典）総務省「下水道の現状と課題」総務省「下水道財政のあり方に関する研究会」総務省「下水道
　　　事業と下水道財政の概要」および足立（2024）をもとに作成

　これらの財政措置は、下水道事業の持続可能な運営を支えるとともに、地域住民の生活環境の維持・改善に大きく貢献している。しかし、人口減少が進む中で、下水道事業を適切に運営し続けるためには、財源確保が喫緊の課題となっている。特に、利用者負担と公費負担のバランスをどのように保つかが重要であり、地域ごとの収支構造を踏まえた新たな財政措置の検討が求められる。さらに、住民に対して使用料の設定根拠を明確に説明し、納得を得るためにも、下水道財政の仕組みをより簡明で透明なものにすることが必要である。

　例えば、高資本費対策としての公費負担が挙げられる。合流管で整備するか分流管で整備するかにより、汚水資本費単価には大きな差が生じる。1950（昭和 25）〜60（昭和 35）年代、都市部を中心に浸水防除と下水道の普及を目指して合流式下水道が導入された。しかし、1970（昭和 45）年に水質汚濁防止法をはじめとする公害関係法の制定によって環境規制が強化され、未処理下水が河川へ直接流入する問題が社会的に注目された。この問題を受け、公共用水域の環境基準に基づき下水道法が改正され、合流式から分流式への移行が促進された。現在では、下水道管の布設延長における分流管の割合は、2017（平成 29）年時点で全体の 88.6% にあたる 535,380 km に達している[36]。分流式下水道は、合流式下水道に比べて環境負荷が小さい

36　下水道事業別では、3,631 事業のうち、分流管のみは 3,427 事業（全体の 94.4%）に相当する。

一方で、資本費が高いとされる。具体的には、合流式下水道では雨水処理にかかる資本費が6割程度とされるのに対し、分流式下水道では処理区域内の人口密度に応じて3〜7割程度が必要となる。このような費用負担が過度にならないように、資本費単価が全国平均を上回る場合には高資本費対策として公費が投入され、汚水処理に要する費用の使用料負担を7割程度に抑える仕組みが導入されている。

　地方公営企業は、総務省から通知される繰出基準に基づく経費を公営企業繰出金として計上し、地方公共団体の一般会計で負担する。この公営企業繰出金は、2021（令和3）年度の地方財政計画では2.4兆円と計上され、決算では2.8兆円に達した。その中で最も多いのが下水道事業であり、1.6兆円を占めている[37]。経費負担の原則では、以下の2つに該当する経費について、地方財政計画に計上され、国が財源保障を行っている。

　　1．性質上、企業の経営に伴う収入で賄うことが適当でない経費
　　2．公営企業の性質上、能率的な経営を行っても経営収入のみでは客観的に賄うことが困難とされる経費

　これらの経費は、地方交付税の基準財政需要額への算入、特別交付税、補助金、負担金、出資金、長期貸付金などによる財源措置を通じて、普通会計から負担される。つまり、経費負担の原則に基づき、一般財源からの繰入が実施されている。一般財源からの繰入には、基準内繰入金と基準外繰入金があり、それぞれ基準額と実繰入額に基づいて運用される。基準内繰入金は、経費負担の原則に基づき定められた範囲内で計上される一方で、基準外繰入金は基準を超えた繰入額を指す[38]。これらの繰入基準については、表4.3に詳細が示されている。

37　公営企業繰入金のうち、企業債償還費普通会計負担分1.5兆円で賄っている。この一般会計からの繰入に対して、中里（2009）は、貸付対象に一般会計債と公営企業債を区別する実質的な意味はないと指摘している。
38　水道事業の繰入金には、基準内繰入金および基準外繰入金に加え、その他実繰入額のうち一般会計（緊急自然災害防止対策事業債）が負担すべきものも含まれる。

第 4 章　下水道事業における価格設定と財政措置

表 4.3　一般会計からの繰入基準

経費		対象事業	対象経費	財政措置
雨水処理に要する経費	（維持管理費）	全下水道事業	下水道施設の維持管理費	対象経費への普通交付税措置
	（資本費）	全下水道事業	下水道施設の建設改良費【元利償還金】	対象経費には下水道事業債充当（充当率100%）元利償還金には普通交付税措置
分流式下水道等に要する経費		合流式を除く下水道事業	下水道施設の建設改良費【元利償還金】	（合流式は42% m分流式は処理区域内人口密度に応じて21%〜49%、その他は49%の事業費補正）
流域下水道の建設に要する経費		(1) 流域化下水道事業 (2) 小規模集合排水処理施設整備事業 (3) 個別排水処理施設整備事業	下水道施設の建設改良費【元利償還金】	対象経費には下水道事業債（臨時措置分）充当 (1) 補助　充当率40% 100%の事業費補正 (2, 3)　充当率30% 100%の事業費補正
高資本費対策に要する経費		下水道事業（供用開始30年未満）資本費単価全国平均以上かつ使用料単価150円/m³以上	資本費単価と全国平均資本費単価との差額に年間有収水量を乗じた額（対象団体の資本費単価−全国平均資本費単価×乗率×有収水量×調整率）	対象経費について普通交付税措置（45%の投資補正）
高度処理に要する経費		活性汚泥法もしくは標準散水ろ床法による高度下水処理事業	高度処理実施によって増加する資本・維持費	対象経費への特別交付税措置
地方公営企業法の適用に要する経費		法適用の準備を進めている事業	法適用に要する経費	対象経費への特別交付税措置
広域化・共同化の推進に関する経費		広域化・共同化を進めている事業	広域化・共同化に要する経費	元利償還金の特別交付税措置

出典）総務省「下水道事業と下水道財政の概要」総務省「下水道財政のあり方に関する研究会」および足立（2024）をもとに作成

　基準内繰入金とは、営業収益（雨水処理負担金[39]）、営業外収益（他会計補助金[40]）、特別収益（他会計繰入金等）として収益勘定に繰り入れられる金額や、他会計出資金や他会計補助金[41]（広域化・共同化の推進に要する経費）として資本勘定に繰り入れられる金額で構成されている。このような繰入金に対し、繰出基準に基づかない繰入金が基準外繰入金として分類される。基準外繰入金には、基準額を超過した繰入金や、基準外の事由に基づく繰入金が含まれる。基準内繰入金と同様に、収益勘定繰入金と資本勘定繰入

---

[39] 雨水処理負担金および雨水処理費、高度処理費は、維持管理費分と資本費で構成される。それぞれに基準額と実繰入額がある。

[40] 他会計補助金には、水質規制、水洗便所等普及費、不明水処理費、高度処理費、高資本費対策経費、基礎年金繰出金公約負担経費、災害普及費、臨時財政特例債等、さらに、広域化・共同化の推進、普及特別対策、流域下水道の建設、特別措置分、児童手当、補正予算債の償還経費、地方公営企業法の適用、経営戦略、経営支援の活用に要する経費、その他がある。昨今であれば、COVID-19 に係る減収対策の資金手当債の利子負担の軽減に要する経費が含まれている。

[41] 他会計補助金には、広域化・共同化の推進に要する経費、特別措置分、雨水処理費、資本勘定他会計補助金等、災害復旧費、臨時財政特例債等、その他をいう。なお、資本勘定他会計補助金には、流域下水道の建設に要する経費、高度処理費、普及特別対策に要する経費、緊急下水道整備特定事業等に要する経費、児童手当に要する経費、小規模集合排水処理事業、分流式下水道等に要する経費、補正予算債の償還に要する経費、地方公営企業法の適用に要する経費、軽費戦略の策定・改定に要する経費、経営支援の活用に要する経費がある。

103

金に分類され、さらに収益勘定他会計借入金および資本勘定他会計借入金の基準外額も合算される[42, 43]。

昨今、老朽化対策が喫緊の課題となる中で、繰出基準の対象範囲が拡大している。例えば、地方公共団体が直面する人口減少による使用料収入の減少や、職員数の減少が重なり、運営体制の脆弱さが露呈している状況において、施設の持続可能な運営を確保するために広域化や民営化が推進されている[44]。下水道事業も例外ではない。特に、水道事業の広域化に伴い、施設の共同設置などの地方単独事業が繰出基準に新たに加えられた。この場合、地方負担額の2分の1（国庫補助事業では3分の1）に相当する元利償還金が、繰入金として計上される。さらに、公営企業負担分は企業債として処理され、残りの2分の1は普通会計負担の企業債（一般会計出資債）として起債が可能である。この一般会計出資債の元利償還金に対しては、60％の交付税措置が認められている。

雨水事業は全額繰出金で運営されているが、汚水事業に関しては使用料と繰出基準に基づく財源で構成されている。現実的な地方財政措置を検討するには、雨水事業と汚水事業の収支を明確に分離し、それぞれの財政措置を評価することが不可欠である。分流式管路を採用する事業者においては、雨水事業と汚水事業の収支を切り分けることが比較的容易である。しかし、合流式を採用する事業者では、収支をどのように分離すべきかが議論の対象となっている。実際、分流式では、雨水事業と汚水事業の按分計算に基づき、所要経費を毎年算出している。例えば、資産や負債、減価償却費などは明確に分離可能であり、人件費や維持管理費も区分することが可能である[45]。一

42　両者は、繰出基準等に基づくものとその他で構成され、基準外繰入額はその他の合算である。

43　用地に係る元金償還金以外のものは基準内繰入金に、用地に係る償還金は基準外繰入金で賄う。たとえば、前者には雨水処理負担金や高度処理費、後者には、雨水処理費、高度処理費、分流式下水道等に要する経費にある。

44　「経済・財政再生計画」改革工程表（2017改定版）」に基づいて、2018（平成30）年には「下水道広域化推進総合事業」が創設された。同年、各都道府県に対して、国は広域化・共同化計画の策定を要請し、これら計画策定に向け、総務省、農林水産省、国土交通省、環境省が一丸となり施設の統廃合や広域管理に必要な施設等の整備を支援してきた。

45　松江市、美濃加茂市、富士市、伊勢市等は損益と資産・負債・減価償却費等をセグメントごとに雨水と汚水を分離し、会計上明示している。

第4章 下水道事業における価格設定と財政措置

方で、合流式管路を採用する地方公共団体では、処理水量などを基に按分し、雨水と汚水の損益を分離した上で、全額繰出金対象となる雨水繰出金を算出している（1981（昭和56）年総務省通知）。しかし、このような方法では、セグメント情報として会計上区分するべきか、他の適正な手法を検討するべきかが論点となる[46]。

セグメントとは、地方公営企業を構成する一定の単位に関する事項を指す（規則第40条第1項）。セグメント情報には営業収益、営業費用、営業損益、経常損益、資産、負債などが含まれ、企業管理規程で詳細が定められている[47]。具体的には、他会計繰入金や減価償却費、特別利益、特別損失、固定資産の減損損失、有形・無形固定資産の増加額などが挙げられる。実際に、合流式管路を採用する京都市、山口市、高知市、堺市などでは、雨水収支と汚水収支を分離し、各セグメント情報を明示している。近年の集中豪雨や都市化の進展により、雨水対策の強化が求められるとともに、高度成長期に建設された下水道施設や管路の老朽化への対応が喫緊の課題となっている[48]。

価格設定と財政措置を検討する際には、現在の料金設定にとどまらず、将来的な維持補修費の増加を見据える必要がある。全国の汚水処理人口普及率は91.4%に達しているが、人口5万人未満の市町村では80.3%にとどまっており、未普及地域の対応が急務である。また、新たな施設建設から維持管理への転換が進む中で、早期に整備された都市部の小規模事業者では、収支改善が見られる一方、将来の経営課題が懸念される。さらに、経費回収率が100%に近い事業では、将来の資産維持費を見込んだ使用料の適正化が求められている。

水道法施行規則第12条では、更新需要の増大を見越した資産維持費の算定が求められている。この算定基準に基づき、長期的な資本維持計画を策定し、使用者負担の公平性を確保することが重要である。厚生労働省・総務省の調査によれば、資産維持費を算入している事業は全体の41.5%にとどまり、将来的な維持管理費の財源確保が課題となっている。

---

46 合流管比率が50%以上の事業所については、22事業者（全体の0.6%）である。

47 減価償却費では、過去に取得した資産・負債を雨汚水別に区分を行う。

48 雨水対策では、河川事業や都市下水路では一般会計負担に相当する補正予算債、国土強靭化緊急対策事業債、緊急自然災害防止対策事業債が対象となる。

105

表 4.4　財政措置の概要

	通常予算		補正予算	3 カ年緊急対策	
	国庫補助率	地方財政措置	地方財政措置	補助事業	単独事業
下水道事業	1/2-5.5/10	下水道事業債 （充当：100, 交付：16-44）	1/2-5.5/10	1/2-5.5/10	1/2-5.5/10
雨水流域下水道	1/2-2/3	下水道事業債 （充当：100-40）	1/2-2/3	1/2-2/3	1/2-2/3
雨水公共下水道	1/2	公共事業債 （充当:90,交付:20）	補正予算債 （充当:100,交付:50）	補正予算債 （充当:100,交付:50）	防災・減債・国土強 靭化緊急対策事業債 （充当:100,交付:50）
都市化水路	4/10				
河川事業	1/2（1 級河川, 2 級河川） 1/3（準用河川）				

備考）充当は地方債充当率（%）、交付は地方交付税交付算入率（%）をいう。
出典）総務省（2019）「雨水事業と汚水事業に係る収支の区分け」および足立（2024）をもとに作成

　地方公共団体は下水道事業整備において国庫補助を受け、国と連携しなが
ら整備を進めるとともに、整備後は地方公共団体が主体となって運営する仕
組みとなっている。下水道法第 24 条 2 項では、国庫補助規定として主要な
管渠および終末処理場等における補助率が示されており、主要な管渠につい
ては、管渠の口径や下水排除面積、下水排除量といった具体的な基準が規定
されている。国庫補助率は公共下水道、流域下水道（第 1 種・第 2 種）に
区分され、管渠および処理施設に応じて決定されている。この補助率は年々
変化してきたが、1993（平成 5）年以降は恒久化されている[49]。現在、公共
下水道事業施設の財源は、国庫負担金 50% と受益者負担金を除いた部分を
地方債（以下、下水道事業債とする）の発行で賄っている。下水道事業債は、
償還時に元利償還金の一定割合を基準財政需要額に算入することで、地方交
付税に反映される地方財政措置が取られている。これにより、地方公共団体
は財政的負担を軽減しつつ下水道事業を進めることが可能となっている。
　下水道事業における地方財政措置は多岐にわたり、雨水処理に関する経費
（維持管理費）、雨水処理に要する経費（資本費）、分流式下水道に要する経
費、流域下水道建設に要する経費、高資本費対策に要する経費などが含まれ
る。それぞれの経費について、対象事業および対象経費に応じて具体的な措

49　地方財政上、地方公共団体の経費に対する国の支援には、国が地方に対して支援する国
　　庫補助金と、国が当然の義務として負担する国庫負担金があり、上水道は前者で下水道
　　は後者にあたる。

第 4 章　下水道事業における価格設定と財政措置

置内容が定められており、これらの措置が下水道事業の持続可能性を支えている。例えば、高資本費対策に係る経費では、地理的条件や個別事情により資本費単価が高くなる事業に対し、過剰な使用料負担を防ぐために一定水準の使用料徴収を前提としつつ、資本費の一部を公費で補助する仕組みを採用している。この際、使用料金の一定水準が前提条件となるが、その具体的基準が議論の対象となっている。例えば、水道事業では高料金対策の基準を全国平均以上とする一方、下水道事業では高資本費対策の基準を月額 3,000 円以上と定めている（2019（平成 31）年改正）[50]。この差異については、地方財政措置の公平性の観点からも検討が求められるだろう。

　また、高資本費対策の対象は供用開始後 30 年未満の事業に限定されている。この要件は、制度導入当初において、供用開始後 30 年程度で資本費（元利償還金）が低下し、接続率の向上による使用料収入の増加で収支が均衡すると想定されたことに基づいている。しかし、近年では供用開始後 30 年を超えても資本費が依然として高い水準にある事業が多く、現行の 30 年未満という要件が実態にそぐわないとの指摘がある。

　さらに、自然条件や地理条件により構造的に資本費単価の高い地域においても、下水道サービスが拡大している。例えば、山間部のように人口密度が低い地域では、下水道管渠の延長距離が長くなるため、資本費単価が高額になるケースが多い。こうした地域では料金収入の減少が課題となる一方で、未整備部分への継続的な投資が必要とされる。このような状況を踏まえると、処理場の統合や広域化による維持管理費の削減といった効率化が重要となる。

　したがって、高資本費対策に関する財政措置を講じる際には、単なる補助金の提供に留まらず、地域特性や将来の事業運営を見据えた経営戦略の策定を要件とするべきである。具体的には、広域化や処理場統合の推進に加え、資本費削減計画や長期的な収支見通しを明示することが求められるだろう。以上のように、下水道事業における地方財政措置は、現在の状況に適応した

50　上水道事業の高料金対策としては、料金が全国平均以上であることが要件資本費（減価償却費等）に対して料金回収部分は有収水量 1 m³ 当たり資本費の全国平均 2 倍までとし、それ以外は繰出基準による高資本費部分（有収水量 1 m³ 当たり資本費の 2 倍以上）として 8 割の交付税措置がある。

107

形で進化する必要がある。特に、限られた財源の中で持続可能な下水道事業を実現するためには、財政措置の見直しと効率的な運営体制の確立が不可欠である。

3．推計モデルと変数

　本稿では、各下水道事業における財政運営が、増大する一般事業費に対応するため、基準内繰入金および基準外繰入金による一般会計からの繰入が依存的に活用されることで、持続可能な運営を損ねるリスクが存在しないかを検証する。下水道事業が安定的かつ効率的に運営されるには、一般会計からの繰入が歳出に与える影響を明確に分析する必要がある。各事業団の歳出への一般会計からの繰入の影響を検証する場合に、内生性の問題に対処する必要がある。ここでの内生性の問題とは、歳出と一般会計繰入額の両者に影響するような、コントロールできていない下水道事業の構造要因がある場合、歳出への影響には欠落変数バイアスによる誤差項が含まれ、誤差項が一般会計繰入額と相関し、推定係数にバイアスをもたらす。そこで本稿では、まず（1）式で、使用料金水準や企業債水準等の財源要因や、水道事業の経費に関する地理的要因をコントロール変数として採用することで、一般会計からの繰入に関する変数を外生化して検証を行う。

$$Expenditure_{it} = \alpha_1 + \beta_1 Transfer_{it} + \gamma_1 X_{it} + \mu_{it} \qquad (1)$$

　$Expenditure$ は各企業団の歳出を表す変数、$Transfer$ は水道事業における一般会計からの繰入に関する変数ベクトルを表す。下水道事業の財源は、独立採算制度のもとで使用料収入を主とし、かつ地方財政法第5条のもとで企業債の起債が認められている。流域下水道との接続、汚水処理状況、排除方法、ポンプ場、管渠布設状況、終末処理場等の地理条件が異なっていることから費用負担にも相違が生じるなかで能率的な経営を求められている。そこで、下水道事業運営に影響をもたらす財源要因や構造要因を表す変数ベクトルを X とする。また、逆の因果関係による同時性バイアスが生じるおそれもある。そこで、（2）式および（3）式で示すように、操作変数法を用いて、主眼の説明変数を内生変数として採用し、検証を行う。

$$Expenditure_{it} = \alpha_2 + \beta_2 Transfer_{it} + \gamma_2 X_{it} + \omega_{it} \qquad (2)$$
$$Transfer_{it} = CostPrincipal_{it} + \varepsilon_{it} \qquad (3)$$

　本稿の使用する主なデータは、地方公営企業年鑑（下水道事業公共下水道（法適用企業・法非適用企業））及び地方財政状況調査（40 繰入金に関する調）の 2014（平成 26）～2021（令和 3）年度の個票データを使用する。なお、集落排水や浄化槽を含まない下水道事業における公共下水道の汚水処理施設を対象とする。これらデータを用い、下水道法第 20 条の使用料規定ならびに家庭用水道を対象とする下記の変数を作成した。このとき、「　」は総務省「地方公営企業年鑑　下水道事業」等のデータ名、【　】は作成した変数を示している。

　第 1 に、本稿では被説明変数として歳出水準を設定する。歳出水準の指標としては、総事業費を事業規模で割った比率を採用する。ここで総事業費とは、国庫補助金、企業債、受益者負担金、その他の財源で構成され、主な使途は管渠費、ポンプ場費、処理場費、流域下水道建設負担金、その他の支出に分類される。これにより、事業規模に応じた財政負担の実態を定量的に把握することが可能である。

【総事業費対事業規模比】＝「総事業費（千円）」／【事業規模（千円）】
【事業規模】＝「営業収益」－「受託工事収益」－「雨水処理負担金」

　第 2 に、本稿の主眼となる説明変数として、各事業団の下水道事業における以下の指標を採用する。具体的には、基準内繰入金対事業費規模比率、基準内繰入金乖離額対事業費規模比率、および基準外繰入金対事業費規模比率である。下水道事業は、原則として独立採算方式で運営されるべきものであるが、性質上、企業の収入だけでは賄いきれない経費や、公営企業の特性上、効率的な経営を行ってもなお収入のみでは充当が困難とされる経費に対しては、基準内繰入金として財源が保障される仕組みとなっている。この基準内繰入金には、基準額が設定されており、事業団ごとに実額が異なることが特徴である。そこで本稿では、基準内繰入金の実額だけでなく、基準額と実額の差額（乖離額）も分析対象に含める。さらに、下水道事業が整備途上

にある場合、使用料収入で必要な経費を賄いきれない状況が発生する。このような場合、財政補填として基準外繰入金が計上される。よって、本稿では一般会計からの繰入金を、基準内繰入金と基準外繰入金に分け、それぞれが下水道事業に及ぼす影響を検証する。また、下水道事業の歳出水準に対する一般会計繰入金の影響を分析するにあたり、次の仮説を設定する。すなわち、下水道事業の財源として使用料収入および企業債による起債が十分に確保されている場合、基準内繰入金および基準外繰入金は歳出水準に対して負の有意性を示すか、もしくは有意性が観察されないであろう。しかし、歳出水準や歳入水準が適正でない場合には、資金不足を補填するために一般会計からの繰入金が正の有意性を示し、歳出水準を押し上げる可能性がある。

説明変数

【基準内繰入金対事業規模比】＝「基準内繰入金実額」／【事業規模】

【基準内繰入金乖離額対事業規模比】＝「基準内繰入金実額」－「基準内繰入金基準額」／【事業規模】

【基準外繰入金対事業規模比】＝「基準外繰入金」／【事業規模】

第3に、家庭用の使用料金水準には、一般家庭用月間 20 m³ の現行使用料を基準とする。企業債の水準については、企業債現在高を事業規模に対する比率で表す。下水道事業における企業債の発行には、一部に地方財政措置が講じられている。処理場、ポンプ場、管渠などの構造要因が同一条件下にある場合、独立採算を原則とするならば、使用料金水準が高いほど企業債発行の水準が低くなると予測される。一方、企業債の発行水準が高いほど使用料金水準が低くなる傾向があり、結果的に歳出水準が増減することが期待される。

財源要因

【一般家庭用 20 m³/月現行使用料】＝「一般家庭用 20 m³/月現行使用料」

【企業債現在高対事業規模比】＝「企業債現在高（千円）」／【事業規模（千円）】

最後に、下水道事業において、地理要因が事業運営に与える影響を適切にコントロールすることが重要である。具体的な地理要因としては、管渠費対

事業規模比率、ポンプ費対事業規模比率、流域下水道建設負担金対事業規模比率、合流式ダミー、高度処理ダミーが挙げられる。これらの要因を考慮し、適切にコントロールすることで、効率的で持続可能な事業運営が可能となる。下水道事業では、家庭内から排出される汚水が、ポンプを通じて地下に設置された勾配のある管渠を経由し、各処理施設へ送られている。この過程では、処理施設の効率化を図ることが重要であり、流域下水道に接続することで流域全体の下水道整備を統合的に進める取り組みがなされている。このような一体的な整備は、効率的な水質保全の実現につながると考えられる。一方で、管渠費対事業規模比率が高い場合（低い場合）、またはポンプ費や流域下水道建設負担金の比率が高い場合（低い場合）には、企業債の発行や使用料金による経費回収が困難となり、総事業費が増加（減少）する可能性がある。また、汚水と雨水を分離せず共通の管渠で管理している場合（分離管理している場合）、さらに高度処理施設で汚水処理が行われている場合（行われていない場合）には、総事業費が増加（減少）する傾向があることが予測される。ただし、これらの状況においては経費負担の区分が明確であり、一般会計からの繰入れが認められる場合がある。この財政措置により、結果的に総事業費への財政的負担が軽減される可能性が高い。したがって、これらの地理的要因を十分に考慮しつつ、最適な事業計画を策定することが、財政負担を抑えながら効率的な下水道事業運営を実現する鍵となる。

地理要因

【管渠費対事業規模比率】＝「管渠費」／【事業規模】

【ポンプ費対事業規模比率】＝「管渠費」／【事業規模】

【流域下水道建設負担金対事業規模比率】＝「流域下水道建設負担金」／【事業規模】

【合流式ダミー】は、排除方法が合流式である場合を1とし、分流式および合流・分流併用を0とする。

【高度処理ダミー】とは、下水処理を高度処理としている場合を1とし、高級処理、中級処理、簡易処理その他を0とする。

なお、操作変数には、経費負担の原則に基づいて、一般会計繰入に影響をもたらすと考えられる単独終末未処理ダミーの変数を使用する。

操作変数

【単独終末未処理ダミー】とは、流域下水道接続関係を単独で終末処理を行っている事業で１とし、流域下水道に接続、他事業（流域下水道を除く）に接続、単独・流域下水道併用または、単独・単独事業接続併用を０とする。表 4.5 には本稿の記述統計を示す。

表 4.5　記述統計（全標本数と変遷）

全標本数	単位	標本数	平均	標準偏差	最小値	最大値
総事業費対事業規模比率	円	9,192	61.54	106.80	0.00	5,842.19
基準内繰入金対事業規模比率	比率	9,192	1.99	5.19	0.02	412.08
基準外繰入金対事業規模比率	比率	9,192	0.57	4.63	-2.80	404.19
基準内繰入金乖離額対事業規模比率	比率	9,192	0.63	4.66	0.00	404.19
一般家庭用 20 m³/月現行使用料	円	9,192	29.27	45.43	0.00	2,390.99
企業債現在高対事業規模比率	比率	9,192	0.99	0.03	0.40	1.00
管渠費対事業規模比率	比率	9,192	41.55	59.69	0.00	2,610.27
ポンプ費対事業規模比率	比率	9,192	11.53	26.71	0.00	1,180.69
流域下水道建設費負担金対事業規模比率	比率	9,192	2.83	9.50	0.00	318.77
合流式ダミー	(d)	9,192	0.00	0.03	0.00	1.00
高度処理ダミー	(d)	9,192	0.05	0.22	0.00	1.00
単独終末処理ダミー	(d)	9,192	0.29	0.46	0.00	1.00
2014 年	単位	標本数	平均	標準偏差	最小値	最大値
総事業費対事業規模比率	円	1,149	14.89	32.85	0.00	322.01
基準内繰入金対事業規模比率	比率	1,149	2.45	12.45	0.03	412.08
基準外繰入金対事業規模比率	比率	1,149	0.99	12.00	-2.61	404.19
基準内繰入金乖離額対事業規模比率	比率	1,149	1.06	12.05	0.00	404.19
一般家庭用 20 m³/月現行使用料	円	1,149	7.83	16.54	0.00	139.42
企業債現在高対事業規模比率	比率	1,149	0.99	0.03	0.70	1.00
2017 年	単位	標本数	平均	標準偏差	最小値	最大値
総事業費対事業規模比率	比率	1,149	92.66	71.87	12.44	1,250.09
基準内繰入金対事業規模比率	比率	1,149	1.89	2.02	0.02	22.96
基準外繰入金対事業規模比率	比率	1,149	0.40	0.99	-1.86	18.22
基準内繰入金乖離額対事業規模比率	比率	1,149	0.48	1.02	0.00	18.22
一般家庭用 20 m³/月現行使用料	比率	1,149	44.82	30.59	5.05	515.58
企業債現在高対事業規模比率	比率	1,149	0.99	0.03	0.45	1.00
2020 年	単位	標本数	平均	標準偏差	最小値	最大値
総事業費対事業規模比率	比率	1,149	32.44	123.22	0.00	3,554.68
基準内繰入金対事業規模比率	比率	1,149	1.85	2.55	0.04	67.57
基準外繰入金対事業規模比率	比率	1,149	0.53	0.95	-2.80	14.43
基準内繰入金乖離額対事業規模比率	比率	1,149	0.59	0.95	0.00	14.43
一般家庭用 20 m³/月現行使用料	比率	1,149	14.58	51.76	0.00	1452.08
企業債現在高対事業規模比率	比率	1,149	0.99	0.03	0.53	1.00

第4章　下水道事業における価格設定と財政措置

4．推計結果

　表 4.6 の推計結果では、本研究の主要な説明変数を外生変数として推計した固定効果モデルと、内生変数として取り扱った操作変数法の結果を示している。第 1 に、財源要因および地理要因をコントロール変数として採用し、欠落変数バイアスを排除することで、一般会計繰入額を外生変数として扱い、その影響を検証した。これらの推計結果は、表 4.6 のモデル（1）（4）（7）で示されており、Hauman test の結果に基づき固定効果モデルを採用している。第 2 に、操作変数法を用いて、主要な説明変数を内生変数として取り扱い、さらに詳細な検証を行った。Endogeneity Test の結果によれば、基準内繰入金対事業費比率、基準内繰入金乖離額対事業費比率、基準外繰入金対事業費比率といった一般会計からの繰入額について、これらが外生的であるという帰無仮説が棄却され、内生変数として扱う必要があることが確認された。

　単独未処理ダミー変数を操作変数として検証した際、弱操作変数の検定結果では、F 値が基準内繰入金対事業費比率で 103.5、基準内繰入金乖離額対事業費比率で 23.06、基準外繰入金対事業費比率で 23.04 と、Stock and Yogo（2002）の基準値である 10 を大幅に上回っており、弱操作変数の問題が存在しないことが確認された。これらの結果は、モデル（2）（5）（8）に FirstStage の結果として、モデル（3）（6）（9）に SecondStage の結果としてそれぞれ示されている。

　モデル（1）の結果では、基準内繰入金対事業費比率が 1% 有意水準で正の値を示しており、基準内繰入金対事業費比率が高い場合（低い場合）、当該期の総事業費対事業規模比が有意に増加（減少）することが示された。さらに、基準内繰入金対事業費比率を内生変数として扱ったモデル（2）（3）においても、同様の結果が得られている。このことから、下水道事業では、一般会計からの基準内繰入金が高い事業体ほど、総事業費対事業規模比が増加する傾向にあることが明らかになった。具体的には、事業の性質上避けられない経費や効率的な経営を行った結果として発生する経費を補填するための繰入金が、総事業費の増加に寄与している。

　モデル（4）（5）（6）の推計では、基準内繰入金乖離額対事業費比率と総事業費対事業規模比の関係が検証されている。モデル（4）の結果では、基準

113

表 4.6　推計結果

総事業費対事業規模比率	Fixed Effect Model (1)	IV model First (2)	IV model Second (3)	Fixed Effect Model (4)	IV model First (5)	IV model Second (6)	Fixed Effect Model (7)	IV model First (8)	IV model Second (9)
基準内繰入金対事業規模比率	0.215**		11.399**						
	(0.026)		(1.130)						
基準内繰入金乖離額対事業規模比率				0.076**		24.691**			
				(0.027)		(5.155)			
基準外繰入金対事業規模比率							0.057*		24.631**
							(0.027)		(5.150)
一般家庭用20 m³/月現行使用料	1.369**	0.026**	1.028**	1.377**	-0.021**	1.840**	1.376**	-0.019**	1.796**
	(0.014)	(0.006)	(0.076)	(0.014)	(0.006)	(0.173)	(0.014)	(0.006)	(0.168)
企業債現在高対事業規模比率	-10.479	2.259	-29.657	-10.209	1.555	-42.293	-10.173	1.367	-37.575
	(7.451)	(3.127)	(36.002)	(7.478)	(3.058)	(75.998)	(7.480)	(3.067)	(76.017)
管渠費対事業規模比率	0.411**	-0.003	0.508**	0.409**	0.013**	0.149	0.409**	0.014**	0.140
	(0.010)	(0.004)	(0.050)	(0.010)	(0.004)	(0.117)	(0.010)	(0.004)	(0.118)
ポンプ費対事業規模比率	0.841**	0.022**	0.741**	0.842**	0.024**	0.397*	0.842**	0.021**	0.477**
	(0.014)	(0.006)	(0.067)	(0.014)	(0.006)	(0.168)	(0.014)	(0.006)	(0.159)
流域下水道建設費負担金対事業規模比率	0.178**	-0.079**	0.932**	0.163**	-0.005	0.156	0.165**	-0.024	0.628
	(0.031)	(0.013)	(0.170)	(0.032)	(0.013)	(0.319)	(0.032)	(0.013)	(0.334)
合流式ダミー	-15.388**	-0.329	-12.587	-15.459**	0.184	-20.887	-15.455**	0.191	-21.041
	(4.272)	(1.792)	(20.613)	(4.287)	(1.753)	(43.416)	(4.288)	(1.758)	(43.474)
高度処理ダミー	-12.818**	-0.167	-2.710	-12.989**	0.037	-5.525	-12.996**	0.048	-5.795
	(0.730)	(0.315)	(3.667)	(0.733)	(0.308)	(7.579)	(0.733)	(0.309)	(7.578)
単独終末処理ダミー		-1.861**			-0.859**			-0.861**	
		(0.183)			(0.179)			(0.179)	
_cons	4.825			4.862			4.830		
	(7.390)			(7.417)			(7.419)		
標本数	9,192	9,192	9,192	9,192	9,192	9,192	9,192	9,192	9,192
	58844.17		2537.497	58410.64		572.2756	58384.94		570.7692
F test of excluded instruments		103.5**			23.06**			23.04**	
Endogeneity test			2310.681**			2345.077**			2347.754**

備考）数値は回帰係数、括弧内はロバスト標準誤差を表す。なお、** は有意水準 1%、* は同 5% を表す。

内繰入金乖離額対事業費比率が高い場合（低い場合）、総事業費対事業規模比が 1% 有意水準で増加（抑制）していることが確認された。また、基準内繰入金乖離額対事業費比率を内生変数として扱ったモデル（5）（6）でも、同様の結果が得られた。この結果は、基準内繰入金が基準額を超えている事業体ほど、繰入金への依存度が高く、結果的に総事業費が増加する傾向があることを示している。

第 4 章　下水道事業における価格設定と財政措置

　モデル（7）（8）（9）では、基準外繰入額対標準財政規模比と総事業費対事業規模比との関係が検証された。モデル（7）の結果から、基準外繰入金対事業費比率が高い事業体ほど、総事業費対事業規模比が有意に増加することが示された（5% 有意水準）。さらに、基準外繰入金対事業費比率を内生変数として扱ったモデル（8）（9）でも、同様の結果が確認された。つまり、使用料金収入や企業債では財源を十分に賄えない場合、基準外繰入額による財政補填が行われ、その結果、総事業費の膨張が生じることが明らかになった。

　コントロール変数として採用した財源要因の分析では、一般家庭用 20 m³/ 月の現行使用料が正の 1% 有意水準で総事業費の増加に寄与する一方、企業債現在高対事業規模比には有意な関係が確認されなかった。これは、使用料金の設定が老朽化対策や中長期計画に基づく妥当な総括原価方式に準拠していることを示唆している。また、地理要因として、管渠費対事業規模比率、ポンプ費対事業規模比率、流域下水道建設費負担金対事業規模比率では正の有意性が確認され、合流式ダミーおよび高度処理ダミーの一部では負の有意性が得られた。これらの結果は、経年劣化や高度処理に伴う費用増加が総事業費の上昇に寄与している一方で、効率的な排水処理がコスト抑制に寄与する場合もあることを示している。

115

第3部

広域化と
民営化

第5章 施設維持・更新と広域化

1．広域化の種類と効果

　広域化とは、資金、施設、人材、情報などの経営資源を共有化し、統廃合を含めた効率的な運営を行う手段である。その目的は、運営基盤を恒久的に維持向上させ、均一的かつ質の高いサービスを安定的に供給することである。これにより、需給の不均衡が是正され、施設整備水準の平準化や恒久的な事業運営が実現される。さらに、料金収入の安定確保やサービス水準の格差是正、安定資源の確保、施設余剰能力の有効活用、災害や事故などの緊急時対応力の強化といった注目される効果も期待される。

　広域化には、抜本的な実現のために事業統合を目指す手段がある。しかし、事業統合には多額の資金投入が必要となる場合が多く、早期に実現することが難しい。一方、事業統合に比べ、管理の統合や施設の共用といった広域化の手段であれば、容易に実現可能であり、かつ即効性が期待できる。実際には、管理の一体化や施設の共同化といった業務の共同化や、維持管理体制や顧客管理の共同委託といった管理の一体化を通じて合理化が図られている。

　広域化は、その手段や事業分野によって内容が異なり、実現までの期間にも差が生じる。また、広域化後の有効性にも違いが生じている[51]。以下では、水道事業を例に説明する。水道事業では、水道施設の適正規模での更新、既存管網の有効利用、施設の統廃合を行うことで、効率的かつ効果的な事業運営を目指している。その一環として広域化が進められている。図 5.1 に示されているように、広域化には事業統合、経営統合、管理の一体化、施設の共同化が含まれる[52]。

---

[51] 足立・篠崎（2023）では、用水供給事業団における都道府県営と企業団営の運営主体が異なることで末端給水事業団の料金設定に与える影響が異なることを、理論的かつ実証的に検証している。本報告では、東北学院大学の篠崎剛教授が理論部分を担当し、筆者が実証部分を担当している。

[52] 桑原（1998）は、トランスログ型費用関数を用いて水道事業の規模の経済性と効率性を分析している。Mizutani & Urakami（2001）は、水道事業におけるネットワーク密度

第5章　施設維持・更新と広域化

　事業統合には、複数の同種水道事業による事業統合と、用水供給事業と末端給水事業を管轄する異業種間の統合がある。前者は水平統合と呼ばれ、後者は垂直統合と呼ばれる。水平統合は、A市、B市、C市の水道事業を統合し、X企業団水道事業として一本化する方法である。垂直統合は、県の用水供給事業と受水団体であるB市、C市の水道事業を統合し、末端まで給水する方法である。これにより、地域全体で施設を共有し、浄水場の事業統合を行うことで、日常業務を共同化し、効率的かつ合理的な施設配置と人員配置が可能となる。さらに、建設投資の費用削減を図りながらサービス水準を一定レベルに引き上げる効果が期待される。事業統合によって、水道事業の財政面、人材を含む技術面、管理体制などの組織面で基盤強化が図られるとともに、施設整備・管理体制の効率的運営が実現する。しかし、統合後の水道料金や施設整備水準などの格差是正が課題として残る。

　群馬県東部の3市5町（太田市、館林市、みどり市、板倉町、明和町、千代田町、大泉町、邑楽町）は、2012（平成24）年に群馬東部水道広域研究会を設立し、2013（平成25）年には群馬東部水道広域化基本構想を策定した。2016（平成28）年には群馬東部水道企業団として事業を開始している。事業統合の結果、建設事業費の削減、人件費の削減、維持管理費の削減、供給単価の維持が実現し、総費用が約20億円削減された。また、国庫補助制度を活用することで79億円の削減が達成された。人件費と維持管理費については、組織体制の見直しと包括業務委託により年間約2億円の削減が実現した。

や規模の経済がコストに与える影響を検証している。Urakami & Tanaka（2009）は規模の経済性と範囲の経済性に、浦上（2011）では、範囲の経済性と垂直統合の経済性に、コスト削減の可能性があることを検証している。また、水道事業の広域化は、Zschille（2015, 2016）がドイツの3,694水道事業体における水平統合による広域化の効果を評価している。浦上（2007）およびUrakami & Parker（2007）は、561水道事業体に対して受水割合の低い地域での垂直統合は効果が低いことを示している。菅原（2021）では、2003～2018年の末端給水事業団の地方公営企業データを用いて、水道事業の給水原価の格差の大きい都道府県ほど、県内の水道事業では、料金以外の財源による収入補填の累進度が高いことを明らかにしている。

佃・酒井（2022）は、大規模の水道事業体では固定資産の削減や委託職員の活用によって業務の効率化が確認されたが、小規模事業体の経営状況には営業収支比率や料金回収率が低い。日野他（2024）は、大阪広域水道企業団と泉南市、阪南市、豊能町、能勢町、忠岡町、田尻町、岬町の水道事業の統合において、施設の統廃合や集中監視制御設備の一元化、施設の更新費や維持管理費の削減等による施設の最適配置を検討している。

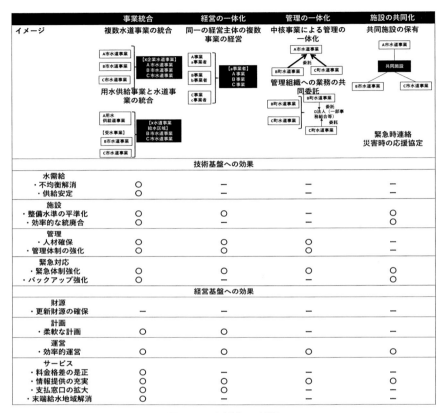

図 5.1　広域化の種類

出典）足立（2023）より抜粋

　経営の一体化とは、広域自治体内の複数水道事業を一体化する方法である。例えば、複数の用水供給事業を経営する県営水道モデルや、県と市町村が共同で複数の水道事業を経営する県・市町村一体化モデルがある。事業統合と同様に、施設整備や管理体制の効率化が可能であり、水道サービスの供給基盤が強化される。しかし、それぞれの事業体間で水道料金に大きな格差がある場合、統一には時間を要することが多い。

　水道事業を取り巻く環境は年々深刻化しており、特に小規模水道事業団では単独での維持が難しくなっている。その対応策の一つとして、近隣中核事業体との管理の一体化が挙げられる。例えば、B町の水道事業を単独で、ま

たは C 町の水道事業と共同で、A 市の水道事業に業務を委託する方法がある。また、複数の水道事業が新たに設立した D 法人に管理を委託することも可能である。さらに、A 町および B 町の水道事業が、X 県の水道事業や Y 企業団水道事業といった用水供給事業団に一元的に管理を委託するモデルもある。管理の一体化によって、管理体制と事業運営の効率化が実現し、サービス供給の基盤が強化される。ただし、事業統合や経営統合に比べると、管理の一体化は導入が容易であるものの、料金格差の是正は難しく、委託業務のノウハウが失われるリスクもある。

例えば、八戸圏域水道企業団では、施設管理とシステムの共同化による合理化を進めた。技術者不足や保守点検レベルの格差といった問題に対し、施設管理を一括発注し、契約手続きを簡素化した。また、施設の合理的な改築・修繕を実現するために管理区域を再編し、設備台帳を一括導入することで、施設・設備の保守管理の高度化を実現した。さらに、管路情報（マッピング）システム、料金システム、財務会計システムを共同化し、広域的なシステム統一によって情報共有を可能とした。具体的には、様式、仕様、諸元の共通化によって事業体間の管理レベルを平準化し、トラブル時の迅速な対応を実現した。また、システムの一括導入による保守点検や更新費用の削減も達成した。

施設の共同化とは、複数の水道事業が施設の建設や保有を共同で行うことを指す。例えば、A 市が B 市や C 市の水道事業と受水契約を結ぶ、または浄水場を共同で建設・運営するといった方法がある。施設の共同化には、取水場や導水管、浄水場、配水池、水質試験センターなどの共同施設の建設が含まれる。また、緊急時には共同で連絡管を整備したり、災害時の相互応援協定を締結することで、施設整備や事業運営の効率化が図られる。管理の統合と同様に、施設の共同化は事業統合や経営統合に比べ導入が容易であるが、統合効果は施設に限定され、抜本的な基盤強化にはつながりにくい。さらに、利用料金の格差是正も課題として残る。

施設の共同化の例として、熊本県荒尾市の浄水場の共同化が挙げられる。この事例では、生活圏や経済圏が共有され、水源環境が同一であることから共同浄水場を建設した。この際、設計、建設、15 年間の維持管理を一括発注する DBO 方式を採用した。その結果、単独で設置する場合に比べて約 7 億円（16%）の建設コスト削減が実現した。さらに、通常発注ではなく

DBO方式を採用することで約12億円（13%）の建設コスト削減を達成した。

　以上のように、水道事業の広域化は、料金収入の安定化、サービス水準の格差是正、施設余剰能力の有効活用、災害や事故などの緊急時対応力強化といった効果をもたらす。また、経営資源の共有化やスケールメリットを活用することで、運営基盤の維持向上と安定的な水道供給が可能となる。一方で、運営基盤が脆弱な水道事業体が単独での事業運営を続けることは難しくなることが予想される。その結果、一部地域の水道利用者にのみリスクが集中する可能性がある。人口減少に伴う給水収益の減少や将来的な更新投資の必要性を考慮しつつ、運営基盤の強化と水道事業経営の効率化を目指し、人員削減や借換債の活用などによるコスト削減に取り組む必要がある。2010（平成22）年には水道広域化促進事業費が創設され、統合の受け皿となる水道用水供給事業者や水道事業者の水道施設整備を支援し、小規模水道事業の広域化を促進する仕組みの整備が検討されている。

2．施設の維持・更新と広域化

　前節で述べた広域化は、多くの分野で導入されている施策であり、水道事業もその一つに含まれる[53]。この背景には、高度経済成長期に建設された公共施設の老朽化がある。水道施設の多くは1950（昭和25）年代後半から1960（昭和35）年代にかけて建設され、2014（平成26）年度末には水道普及率が97.8%に達した。そして現在、当時投資された水道資産の更新時期を迎え、施設の老朽化が急速に進行している。

　こうした施設の老朽化に対しては、新たな維持・補修費が必要であり、施設の運転や保守にも多額の費用を要する[54]。しかし、建設投資に充てられる財源は減少傾向にあり、更新需要に十分対応できていない状況が続いている。近年頻発する大規模な自然災害や、職員の大量退職による技術力の低下

53　梶原（2019、2021、2022）では、人口減少やインフラ整備の課題に対して、水道法の改正と水道事業の広域化と民営化の関係を論じている。

54　国土交通省「総力戦で取り組むべき次世代の地域インフラ群再生戦略マネジメント　インフラメンテナンス第2フェーズへ　提言の手交について」では、2013（平成25）年度の維持管理・更新費は約3.6兆円、10年後は4.3〜5.1兆円、20年後は4.6〜5.5兆円程度となる国土交通省が試算結果を出している。

第 5 章　施設維持・更新と広域化

といった課題が、施設更新の推進を困難にしている。このような背景から、老朽化が懸念される施設の更新を計画的に進めるために、アセットマネジメントの導入が重要視されるようになっている。

国の社会資本整備における基本方針は、「厳しい財政状況の下、国民生活の将来を見据え、既存施設の機能を効果的に発揮させる計画的整備を推進する」としている。また、「集約・活性化、都市・地域再生などの観点から、社会資本の整備目標の重点化・優先順位付け、効果的・効率的な政策手段の見直し」も求められており、老朽化対策に向けた適切な財政措置と整備計画が不可欠である（2013（平成 25）年 12 月 12 日閣議決定)[55]。

本節が注目する水道事業においては、図 5.2 に示すように、水道ビジョンを皮切りに、さまざまな政策が検討されてきた[56]。これらの政策の中で特に重要とされるのが、施設の大規模な更新である。災害時にも安定した給水を確保するためには、施設水準の向上が求められると同時に、その基盤となる運営基盤の強化や技術力の確保、効率的な経営戦略の策定も必要不可欠である。

2004（平成 16）年に策定された水道ビジョンでは、今後の水道事業に関する重点課題と、その課題に対応する具体策が包括的に示されている。さらに、2013（平成 25）年の新水道ビジョンでは、将来の水道事業の理想像が明確に示され、都道府県と水道事業者の役割分担が整理された。この中で、水道事業者が水道事業ビジョンを作成し、それを基に都道府県が広域的な視点から水道整備基本構想を見直す都道府県ビジョンの策定が推奨されている。

施設の更新については、長期的な財政収支（概ね 30～40 年）に基づいて計画的に実行することが求められる。各水道事業者は、更新需要と財政収支の見通しを基に、機能診断による更新時期の検討や資金確保の計画を進めて

55　国土交通省「今後の社会資本整備の方向性」では、社会資本整備については「社会資本を中長期的な観点から計画的に整備するため、国土のグランドデザインを策定する（一財）日本建設業連合会「平成 26 年度公共事業予算の確保に関する要望」（平成 25 年 12 月)）」とともに、「計画的・安定的に公共事業予算の確保（（一財）全国建設業協会「社会資本整備の着実な推進について」（平成 25 年 11 月 27 日)）」が求められている。

56　上下水道においては、厚生労働省が中心となって水道事業を、下水道事業については国土交通省が、工業用水道については経済産業省が中心となって整備が進められてきた。

123

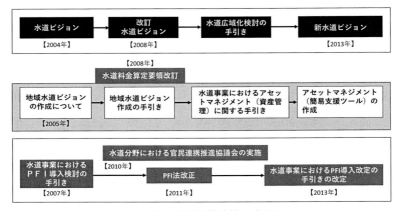

図 5.2 水道事業政策の変遷

出典）総務省「ストックマネジメント等に係る他府省の取組」および足立（2017）「人口減少社会を見据えた水道事業の財源確保とサービス提供：経営効率化を目指した広域化と民営化」をもとに作成

いる。水道施設の更新においては、施設のライフサイクル全体を視野に入れ、効率的かつ効果的に管理・運営を行うために、技術的根拠を持つ財源裏付け型の更新計画として、アセットマネジメントに関する手引きが策定された。

しかしながら、2012（平成24）年に厚生労働省が実施した「水道事業の運営状況に関する調査」の結果によれば、全国の水道事業者におけるアセットマネジメントの実施率は全体で約30%に留まっている。特に中小の水道事業者では、取り組みが進んでいない状況が明らかになっている。この課題に対応するため、アセットマネジメントを実施していない事業者でも容易に着手できる「簡易支援ツール」の作成が進められてきた。

水道事業の更新の必要性が叫ばれているものの、その計画は遅々として進んでいない。その大きな理由の一つとして、莫大な費用が挙げられる。社会資本を同規模で維持・更新する場合の費用は、国および地方を含めて年間9.17兆円にのぼると概算されている[57]。この中で水道事業にかかる更新費用は年間1.71兆円であり、道路（1.32兆円）、橋梁（0.42兆円）、下水道

---

57 東洋大学根本教授による試算。現存の社会資本を法定耐用年数到来時点に、同物理量、標準単価で更新する場合の年間平均更新費用の試算した値である（2017（平成29）年3月30日経済財政諮問会議有識者議員資料）。

（1.09兆円）と比較しても特に高い水準である。

水道事業の建設改良費の財源は、主に一般会計、企業債の起債、国費（建設国債）から投入されるが、その多くは給水収益によって賄われている。現在、建設改良費の財源として、1,374の水道事業で3兆7,976億円の利益剰余が計上されており、そのうち1,125の水道事業で6,321億円が積立金として運用されている。さらに、この中で建設改良積立金は836の水道事業において3,389億円程度である。

また、国による補助制度も存在している。具体的には、水源の枯渇や水質の悪化により水道施設の投資額が一定以上（資本単価90円/m^{3}以上）になる場合、事業内容に応じて浄水場や水道管の新設・更新、ダムの整備などに対して1/3から1/4の補助が提供されている。

水道事業の料金収入は年間で約2兆7,000億円に達している。水道料金の算定にあたっては、将来の施設更新に必要な費用を適切に原価に含めることが求められている。この料金は、日本水道協会が示す「水道料金算定要領」に基づき、営業費用（人件費、薬品費、修繕費、減価償却費など）と資本費用（支払利息、資産維持費など）の項目を算入して算定されている。

図5.3　水道事業の料金収入と建設投資額の推移

出典）足立（2017）「人口減少社会を見据えた水道事業の財源確保とサービス提供：経営効率化を目指した広域化と民営化」をもとに作成

水道事業の財源の多くを賄っている料金収入は、近年減少傾向にある。図5.3 に示すように、老朽化した施設の更新や維持管理に必要な経費が増加している一方で、少子高齢化の進行や人口減少社会の到来、節水意識の高まりや節水機器の普及、大口需要者の地下水利用への転換といった環境の変化によって水道料金収入が減少を続けている。水道事業は利用料金を収入源としてサービスを提供する仕組みであるが、人口減少は料金収入の減少を直接的にもたらし、事業経営に深刻な影響を与えている。

　料金収入が十分に確保できない場合、漏水などのリスクが増大し、施設の更新や運営が困難になる可能性がある。また、水道料金の値上げが実施されない場合、一般会計からの繰り入れが必要となり、地域の財政にさらなる負担をかけることになる。総務省「令和4年度地方公営企業年鑑」によれば、水道料金には地域や規模による格差が存在する。例えば、10 m³ あたりの家庭用水道料金（口径 13 mm）の平均料金は以下の通りである。

- 都及び指定都市（20 事業団）：1,111.4 円
- 給水人口 30 万人以上（49 事業団）：1,199.2 円
- 給水人口 15 万人以上 30 万人未満（74 事業団）：1,338.6 円
- 給水人口 10 万人以上 15 万人未満（89 事業団）：1,307.2 円
- 給水人口 5 万人以上 10 万人未満（190 事業団）：1,497.4 円
- 給水人口 3 万人以上 5 万人未満（202 事業団）：1,552.1 円
- 給水人口 1.5 万人以上 3 万人未満（252 事業団）：1,654.3 円
- 給水人口 1.5 万人未満（367 事業団）：1,852.5 円
　（総務省「地方公営企業年鑑（2021（令和 2）年 4 月 1 日～2022（令和 4）年 3 月 31 日）第 62 集」）

　このような料金格差が生じる背景には、水道事業が多様な事業規模を持つこと、小規模事業体が多いことが挙げられる[58]。小規模事業体では、地理条件の制約により維持管理費が増加し、水源が不安定で浄水場が小規模であるケースが多い。これに対応するためには、適切なダウンサイジングを行い、

58　イングランド・ウェールズでは上下水道会社が 10 社で上水道のみが 12 社である。上水道事業は世界的にみても事業者数が多い。

水源転換のための施設整備を進めることが重要である。

さらに、事業体ごとに給水人口、配水能力、配水量、所有する資産額が異なるだけでなく、水源の選択方法にも多様性がある。例えば、ダムを主な水源とする事業、受水を主な水源とする事業、表流水（ダムを除く）を利用する事業、地下水や伏流水を水源とする事業などがあり、水源の選択次第で経営コストが大きく変動する。また、小規模浄水場が広域的に点在している場合、施設の維持管理費や更新費用が大幅に増加する傾向がある。

こうした課題に対応するため、2007（平成19）年度には国庫補助制度が見直された。この見直しにより、同一行政区域内に存在する簡易水道を上水道に統合する計画を策定し、厚生労働大臣の承認を受けなければ新たな簡易水道の国庫補助は認められないこととなった。この制度改正により、不安定な水源を持つ事業体は、県受水や隣接する上水道への接続を進め、不用資産の処分や施設の安全管理に係る費用削減が期待されている。

近年では、水道広域化推進プランの充実が求められている。水道法第2条の2第2項に基づき、都道府県は区域内の水道事業者および広域的な水道事業者間の連携を推進し、経営条件の変化や広域化の取組状況を踏まえた具体的な対応を求められている。また、広域化の効果をシミュレーションし、比較検討を行ったうえで、適宜プランを改定するか、水道基盤強化計画を策定することが求められている。

財源としては、国庫補助制度および地方財政措置が行われている。具体的には、広域化に伴う施設整備事業に対して生活基盤施設耐震化等交付金や水道施設共同化事業の対象として補助が行われ、対象経費の1/2を限度に一般会計出資が認められる。また、地方債措置（充当率100%）が講じられるほか、元利償還金には普通交付税措置（交付税算入率60%）が適用される。

これらの取り組みを通じて、水道事業の運営基盤を強化することが不可欠である。人口減少や施設の老朽化など厳しい課題に直面する中で、事業経営の効率化や広域化の推進、さらには民営化などの積極的な経営戦略が重要視されている。また、水道事業団は公営企業会計を適用し、損益や資産の正確な把握を行い、中長期的な投資計画を立案して事業の課題を明確化するとともに、抜本的な経営改革を進めることが求められている。

3．下水道事業の広域化

　人口動態の変化は、様々な分野の事業運営に多大な影響を及ぼしており、下水道事業も例外ではない。特に、人口減少による利用者数の減少が顕著となる中で、有収水量の低下が進行し、それに伴って下水道事業の主要な財源である使用料収入が減少する傾向が見られる。この収入減少の問題は、特に公共下水道や特定環境保全公共下水道、集落排水処理施設、浄化槽といった施設において顕著であり、これらの施設を維持する財政基盤の脆弱化が懸念される。

　さらに、下水道事業では、人員不足が進行する中で執行体制の維持が困難になっており、事業運営の効率性が損なわれるリスクが高まっている。また、施設や管路の老朽化に伴う維持管理費の増加も深刻な課題である。具体的には、2009（平成7）年における維持管理費は11,210億円であったが、その後も増加の一途を辿り、直近10年間で約1割の増加が見られる。このような財政負担の拡大は、地域住民の生活を支える下水道事業の持続可能性に直接的な影響を与えている。

　なかでも、公共下水道の原価に比べ、農業集落排水等の汚水処理原価は高い。表5.1に示される汚水処理費（公費負担分を含む）からも、公共下水道より集落排水の原価が高いことが明らかである。資本費と維持管理費に分け、さらに維持管理費を管渠、ポンプ場、処理場、総務・管理で分類して内訳を詳細に分析すると、維持管理費の多くを処理場のコストが占めていることがわかる。小規模な下水道事業における汚水処理費が高い要因の一つとして、1事業あたりの処理場数が多いことが挙げられ、これが効率的な経営努

表 5.1　汚水処理原価内訳

（単位：円/m²）

		公共下水道	農業集落排水
汚水処理原価		138	257
	資本費	69	78
	維持管理費	69	178
	管渠費	7	18
	ポンプ場費	3	6
	処理場費	25	112
	総務・管理費	34	43

出典）総務省「地方公営企業決算状況：下水道事業」をもとに作成

力を促す障害となっている。このため、現在、処理場の統廃合をはじめとした広域化・共同化が進められている。

しかしながら、1人あたり管渠延長が長いという構造的な要因もあり、処理場の統廃合だけでは問題の根本的な解決には至らない。そのため、既整備施設も含めた最適化やダウンサイジングを進める仕組みを経営戦略に組み込み、実際に経営改善を行った地方公共団体には財政措置を検討することが重要である。

下水道事業の広域化・共同化は、2015（平成27）年の下水道法改正を契機に本格化したこの改正により、広域連携を目指す協議会制度が創設され、2017（平成29）年には新下水道ビジョン加速戦略が策定され、汚水処理システムの最適化を目標に掲げた。この戦略では、役割分担や施設規模、執行体制の最適化が基本施策として明示されている。さらに、同年に策定された経済・財政再生計画改革工程表では、広域化・共同化を推進する具体的な目標が設定され、都道府県単位で広域化・共同化計画の策定が要請されている。

図5.4に示されるように、広域化・共同化には、流域下水汚泥処理事業を通じた下水汚泥の集約処理や、汚水処理施設の共同整備、集落排水施設等の

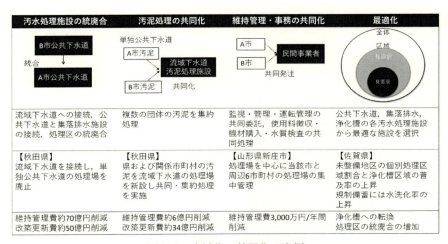

図5.4 広域化・共同化の事例

出典）総務省「下水道事業及び下水道財政の概要」、総務省「下水道事業の現状と課題」および国土交通省「広域化・共同化計画策定マニュアル」をもとに作成

共同利用といったハード面での連携が含まれる。また、ソフト面での連携として、維持管理業務や事務作業の共同化が挙げられる。これらの取り組みは、経営効率化の推進と持続可能な下水道事業の実現に向けて重要な施策である。

　汚水処理施設の統廃合では、行政区域を越えて広域的な連携が進められている。例えば、A市に隣接するB市が汚水処理施設を廃止し、A市に汚水処理を委託するケースが挙げられる。この場合、A市はB市の汚水を受け入れるために新たな管渠やポンプ施設を整備する必要があり、行政間で費用負担の取り決めを行う。

　汚泥処理の共同化では、都道府県が管理する流域下水道の汚泥処理施設に、A市やB市の単独公共下水道や集落排水等の汚泥を受け入れて共同処理を実施する。これにより、スケールメリットを活かした汚泥のエネルギー利用も可能となる。

　維持管理の共同化では、複数の市町村が処理場の運転管理業務や保守点検業務を共同発注し、水質試験や薬品管理を集約することでコスト削減を図る。また、少人数での施設管理の実現にもつながる。事務の共同化では、使用料徴収、滞納管理、会計処理、下水道台帳管理、水洗化促進といった事務業務を統合し、職員の業務負荷を軽減することが可能となる。

　これらの共同化の契約方法にはいくつかの形式がある。補完者を活用した場合、公的機関である下水道公社や日本下水道事業団等が業務の発注や履行監視を中心に行う。中核市等を介する場合には、中核市が発注および履行監視を担う。例えば、山形県新庄市では6町村と連携して維持管理の共同化を実施している。このとき、複数市町村が民間に一括発注する場合は、市町村が発注と履行監視を行うが、技術者が不足する場合には補完者を活用する必要がある。

　最適化とは、公共下水道、農業集落排水施設、浄化槽の中から、地域に最適な処理施設を選択することを指す。例えば、佐賀県では処理区域の見直しによって、公共下水道と農業集落排水施設の処理区域を縮小し、削減分を浄化槽に転嫁することで、建設改良費213億円とランニングコスト年間2.8億円の削減を見込んでいる。今後は、汚水処理施設の整備にあたって、将来の人口推計や地域の特性を踏まえた選択が求められている。

　広域化・共同化の効果には、接続元のメリットと接続先のメリットが存在

第5章　施設維持・更新と広域化

する。例えば、老朽化した処理場を廃止し、隣接する公共下水道に接続する場合、接続元では管渠の整備費用やポンプ施設の建設費が発生する一方、処理場の更新費用を回避し、技術職員の確保が容易になる。接続先では、処理水量の増加に伴い収支が改善し施設の余剰能力を有効活用できるメリットがある。広域化・共同化の検討主体としては、以下の4つの形態が考えられる：

1．都道府県が主体となり、県内市町村の広域連携を促進する場合
2．中核市や連携中枢都市が中心となり、周辺市町村との広域連携を進める場合
3．同規模の市町村同士が共同で広域連携を推進する場合
4．下水道公社や日本下水道事業団などの第三者機関を介して技術補完を行う場合

　地方財政措置としては、2000（平成12）年に創設された下水道事業債（広域化・共同化分）が挙げられる。この事業債は、複数市町村が広域化・共同化に取り組むことを要件とし、対象経費を終末処理場やポンプ場、汚泥処理施設、汚泥再利用施設、共同水質管理施設の整備に限定している。さらに、2018（平成30）年には接続管渠も対象に追加され、交付税措置率が5%引き上げられたことで、基準財政需要額への算入が55%に拡大された。今後、人口減少による使用料収入の減少や施設の老朽化による更新需要の増加が予想される中、下水道事業は新規整備から維持・更新の段階に移行している。各種処理施設の整備区域の見直し、低コストの整備手法の導入、既存施設の更新における施設・設備の長寿命化、処理場の統廃合、事業の広域化・共同化が引き続き重要な論点となる。

4．奈良県の事例

　本節では、奈良県における水道事業の広域化事例を紹介する。奈良県では、2011（平成23）年度に策定された県域水道ビジョンに基づき、地域ごとの水道広域連携を推進してきた。その後、2018（平成30）年の水道法改正や翌年の新県域水道ビジョンを契機として、県が主導する形で県内の水道事業

131

者間の広域的な連携をさらに強化した。奈良県は、新県域水道ビジョンと県域水道一体化後の基本計画を統合し、水道広域化推進プランとして位置づけている。奈良県の地理的特徴を見ると、図 5.5 のように、人口密度の高い大和平野を中心とする上水道エリアと、東部および南部の中山間地域に広がる簡易水道エリアに大別される。これらのエリアは地理条件や経済条件が大きく異なる。上水道エリアでは、必要な施設更新を実施するため、水道料金の値上げが予測される。一方、簡易水道エリアでは、運営・管理体制が著しく脆弱であり、国の財政的支援や一般会計繰入が不可欠な状況にある。

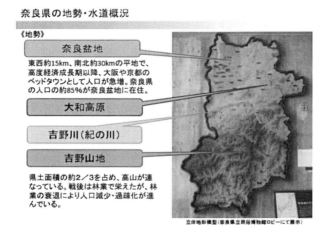

図 5.5　水道事業のエリア

出典）奈良県「奈良県の簡易水道事業の現状と取組」および「新県域水道ビジョン　平成 31 年」より抜粋

第 5 章　施設維持・更新と広域化

　図 5.6 を基に、エリアごとに現状分析と評価を実施し、それに基づいて新ビジョンを策定した。この新ビジョンの下、上水道エリアでは組織や体制の統合、施設の共同化、管理運営の一元化を進める取り組みが行われ、一方で簡易水道エリアでは、広域的な受け皿の構築に注力してきた。

　上水道エリアでは、県営水道と市町村水道事業の経営統合を推進し、施設更新費用を抑制することを目的として、浄水場や送配水施設の統廃合やダウンサイジングの可能性を精査した上で、施設共同化計画を策定した。また、業務の共同化を積極的に推進し、包括委託をはじめとする官民連携の手法を検討して効率的かつ適正な人員配置を実現することを目指した。さらに、経営統合を進めた後、10 年程度を目途に完全な事業統合を実現する方針を掲げている。

　簡易水道エリアにおいては、発注業務や検針・収納業務、施設管理業務などの日常業務で慢性的に不足している人員を補うとともに、施設の老朽化や経営基盤の脆弱さを踏まえて、施設状況や経営状況に即した計画策定や台帳整備、料金改定、投資の合理化といった課題に対応してきた。また、これらの経営業務におけるノウハウの不足を補うため、広域的な連携による支援を

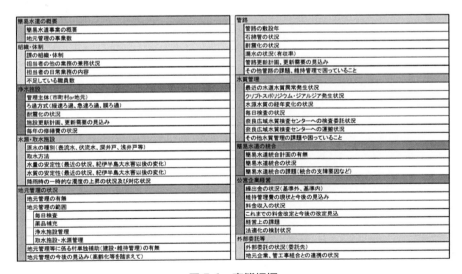

図 5.6　実態把握

出典）奈良県「奈良県の簡易水道事業の現状と取組」および「新県域水道ビジョン　平成 31 年」より抜粋

133

実施し、運営効率の向上に寄与した。

　広域化の推進においては、地域ごとの人口規模や地理条件、資産状況といった要因を十分に考慮し、それぞれの課題を明確に抽出した上で対策を講じてきた。具体的には、水道ビジョンを基盤として基本計画を策定し、広域化や共同化を視野に入れた経営戦略を構築することで、収支計画の適正化を図っている。

　さらに、財政措置を講じる際には、適切な計画と成果が期待できる経営戦略を策定することが求められる。これにより、財政の健全性を確保しつつ、将来を見据えた持続可能な水道事業運営を実現する必要がある。このように、地域の特性に応じた戦略的かつ柔軟な対応を進めることで、長期的な視点での水道事業の安定的な運営が目指されている。

第6章 施設の維持・更新と民営化

1．民営化の種類と効果

　公共事業分野では、サービスを継続的かつ安定的に提供するために、価格のみを基準とする評価に留まらず、民間企業が保有する高度な技術や専門的なノウハウを活用することが重視されてきた。この方針に基づき、価格と価格以外の要素を総合的に評価する一般競争入札が行われている。その背景には、内閣府を中心に「民間資金等の活用による公共施設等の整備等の促進に関する法律」（PFI法）が制定され、公共施設等運営権および公共施設等運営事業に関するガイドライン、PFI事業実施プロセスに関するガイドライン、契約に関するガイドラインなど、数多くの手引書が作成されるなど、制度面の整備が大きく進展してきたことに起因する。

　水道事業においても、この流れを受けて重要な制度改革が行われている。水道法改正に伴う第三者委託制度や、地方自治法改正による公の施設に係る指定管理者制度が導入された。また、その後の制度整備として、PFI導入検討の手引き、民間活用を含む水道事業の連携形態に係る比較検討の手引き、第三者委託実施の手引きがまとめられ、さらにコンセッション方式の導入も追加されてきた。これにより、官民連携を活用した効率的な事業運営が可能となる環境が整いつつある。

　こうした整備が進む中で、水道事業の運営基盤を強化するため、各水道事業体では自らの組織体制や運営実態に応じた官民連携手法の導入が検討されている。その具体的な導入プロセスは多様である。例えば、一部の事業体では、施設等の維持管理を包括的に委託する包括的民間委託方式や、水道法に基づく第三者委託方式を採用している。また、施設の設計・整備・維持管理・運営を一体として発注するPFI（Private Finance Initiative）方式やDBO（Design Build Operate）方式を採用し、多様な形態の官民連携を取り入れている事例も見られる。

　一方で、民間企業に浄水場、配水池、ポンプ場などの運営を委託したとしても、水道施設が老朽化したままでは、施設の故障が減少せず、慢性的な漏

135

水や濁水が発生する可能性がある。さらに、施設の劣化が進むことで断水のリスクが高まるため、水道水の安全性や安定した給水を維持する上で課題が残る。このような状況下では、浄水場などの施設の維持管理を包括的に委託することで事業費の削減を図れる PFI 事業方式が有効であると考えられるが、同時に、老朽化対策を適切に講じることが必要不可欠である。老朽化対策が十分に行われない場合、PFI 事業方式を導入しても水道事業の安全性や信頼性に疑問が生じる可能性がある。

官民連携手法の活用は水道事業の効率化や経営基盤の強化に寄与する一方で、老朽化した施設の対策を並行して進めることが、水道水の安全で安定した供給を確保するための鍵となる。各水道事業体が個別の状況に応じた手法を選択し、適切に運用することが求められている。

図 6.1 は、様々な PPP（Public-Private Partnership：官民連携）手法を整理・比較したものである。PPP 手法にはいくつかの種類があり、それぞれ特徴と適用範囲が異なる。一般的な業務委託は、民間事業者のノウハウや専門性を活用することを目的とした手法であり、施設設計、水質検査、施設保守点検、メーター検針、窓口・受付業務などの業務を対象としている。この手法には、業務を個別に委託する個別委託と、複数の業務を広範囲に一括して委託する包括委託が含まれる。

手法	概要	根拠法令	内容	事例	施設所有	資金調達
指定管理者制度	公の施設の管理・運営を指定管理者（地方公共団体が指定する法人）が代行する制度。法改正により、公の施設の管理主体が民間事業者,NPO法人等に広く開放。	地方自治体法改正（2003年）	維持管理 運営 公営 指定管理者に指定	公園、港湾	行政	行政
包括的民間委託	公共施設等の管理運営業務について、詳細な業務運営を定めず、性能発注方式によって一連の業務を民間企業で委ねることで民間の創意工夫を活かした効率的なサービス提供を実施。		維持管理 運営 公営 民間事業者に一括発注	下水道	行政	行政
DB方式	民間事業者に設計・建設等に一括発注・性能発注する方法。		設計 建設 公設 民間事業者に包括的に一括発注	ごみ処理施設	行政	
PFI方式	公共施設の建設、維持管理、運営等の民間資金、経営能力および技術的能力を活用して行う方式。	PFI法（1999年）	設計 建設 維持管理 運営 公設 公営 設計会社に委託、建設会社に発注、直営維持管理会社に委託、直営運営会社に委託	公営住宅庁舎等	行政／民間	民間
コンセッション方式	利用料金の徴収を行う公共施設について、公共施設の所有権を公共主体が有したまま、施設の運営権を民間事業者に設定する方式。	PFI法改正（2011年）	維持管理 運営 公営 民営 PFI事業者が事業規約に基づき包括的に実施	公営住宅庁舎等	行政	民間

図 6.1　PFI 事業の類型

出典）国土交通省「国土交通省の PPP/PFI への取り組みと案件形成の推進」、総務省「公営企業の経営戦略の策定等に関する研究会」、総務省「公営企業の経営のあり方に関する研究会報告書」および足立（2023）をもとに作成

DBO方式は、地方自治体（水道事業者）が資金調達を行い、施設の設計・建設・運転管理などの業務を包括的に民間事業者に委託するものである。この方式では、設計と建設、運営が一体化されているため、業務の効率化が期待される。

PFI事業は、公共施設の設計、建設、維持管理、修繕などの業務を包括的に行う方式であり、民間事業者の資金調達能力とノウハウを活用する点が特徴である。この方式では、公共と民間が連携して公共サービスの質を向上させることを目指している。

コンセッション方式は、PFIの一形態であり、地方自治体が施設の所有権を保有したまま、民間事業者に施設の運営を委託する方式である。例えば、水道事業では、水道施設の運営権を民間事業者に委譲し、利用料金の徴収を含む業務を担わせる形態を指す。この方式は、施設の管理運営に民間の効率性を取り入れることを可能にする。

ここからは、各手法の詳細について順を追って解説していく。図6.2で示す包括的民間委託は、水道法上の責任を含む技術的な業務を民間事業者に委

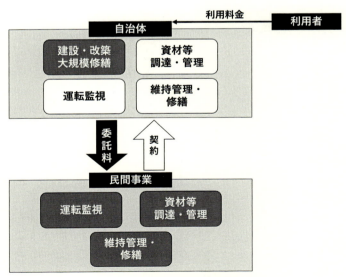

図6.2　包括的民間委託の仕組み

出典）国土交通省（2015）「国土交通省のPPP/PFIへの取り組みと案件形成の推進」および足立（2017）をもとに作成

託する方法である。この手法では、建設・改築・大規模修繕は水道事業者が実施する一方で、運転監視、資材調達・管理、維持管理・修繕などを民間事業者に委託する形態である。包括的民間委託では、民間のノウハウを活用した性能発注により、コスト削減が期待される。ただし、資金調達の主体は従来通り公共側（水道事業者）にあるため、金融機関によるチェック機能が働かず、資金調達におけるメリットはない。

この方式では、建設工事は設計・建設の請負契約を通じて行い、維持管理業務については維持管理会社と第三者委託契約または包括委託契約を締結する形で対応する。設計・建設と運営・維持管理の間で連携を確保するには工夫が必要であるものの、各業務を個別に契約する形態のため、導入における障壁が少ない点が特徴である。

国土交通省「令和2年度水道事業の統合と施設の再構築、水道基盤強化に向けた優良事例等調査一式（広域連携及び官民連携の推進に関する調査）」によれば、群馬県館林市では浄水場施設等において包括的民間委託を導入している。2013（平成25）年からは委託範囲を給水装置関連業務まで拡大し、危機管理機能および水質管理機能の強化、さらに運転維持管理を一体的に行う包括的な業務委託を実施している。その結果、運転維持管理業務委託による年間1,200万円のコスト削減効果と、給水装置関連業務委託による年間400万円のコスト削減効果が報告されている。

DBO方式とは、施設の設計、建設、維持管理、修繕などの業務を民間事業者のノウハウを活用して包括的に実施する手法である。図6.3に示すように、この方式では、設計・施工・維持管理の一連の業務を民間事業者に対して一括性能発注することで、業務全体の効率化を図る。具体的には、建設工事の契約は建設業法に基づき建設会社との請負契約に限定される一方で、維持管理契約と合わせて複数の契約を締結する必要があるものの、従来の契約形態で対応が可能である。

DBO方式の特徴として、設計・建設と運営・維持管理の間で連携を確保し、請負契約と維持管理における包括的委託契約の連動性を持たせる点にある。これにより、一定の業務規模を確保することで民間事業者の専門性を活用し、業務の効率性を向上させることが期待される。ただし、DBO方式は資金調達が従来と同じく公共（地方自治体）が担うため、資金調達における直接的な効果は得られないという課題がある。

第 6 章 施設の維持・更新と民営化

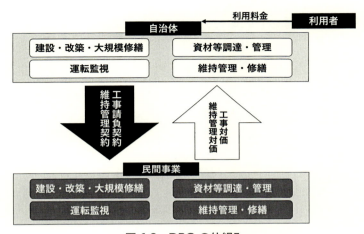

図 6.3 DBO の仕組み

出典）国土交通省（2015）「国土交通省の PPP/PFI への取り組みと案件形成の推進」および足立（2017）をもとに作成

　DBO の事例として、長門川水道企業団の取り組みが挙げられる。長門川水道企業団では、浄水場および配水場の設計・修繕・更新、ならびに運転管理業務において DBO 方式を導入した。2004（平成 16）年には、経営の効率化と運転管理体制の強化を目指して、第三者委託による浄配水場の管理業務委託を開始している。老朽化が進んだ設備については、5 年間の修繕・更新計画を策定し、民間企業が現地診断を実施したうえで、浄配水場の設備設計・修繕・更新計画を含めた包括的な業務委託を実現した。

　さらに、2005（平成 17）年には、運転管理と修繕更新を一括して発注する形で DBO 契約を締結した。この一括発注により、個別発注に係る設計費用、共通経費、労務費の削減が可能となり、業務の効率性が向上した。その結果、契約形態を DB（Design Build）方式から DBO 方式に移行することで、VFM（Value for Money）6.7% の効果が確認された。これにより、報告業務や検査の統合といった事務の合理化が図られ、運転管理費用の削減も達成された。

　このように、DBO 方式は設計・建設から維持管理までの業務を包括的に委託することで、効率性と経済性を両立させる有効な手法である。しかし資金調達が公共主体であるという課題を補完するためには、さらなる制度設計や補助的な仕組みが必要とされるだろう。

PFI（Private Finance Initiative）とは、PFI法に基づいた手続きのもとで、公共施設の設計や建設の段階から民間の資金やノウハウを活用する手法である。図6.4に示すように、この方式では、民間事業者が持つ専門的な技術や効率性を生かした性能発注を採用することで、コストの削減効果が期待される。さらに、PFIでは資金調達を受託した民間事業者が行うため、事業に対して金融機関の監視機能が働くという特徴がある。ただし、民間企業が参入するには一定規模以上の事業が求められることや、資金調達の大部分を補助金や起債が占めることから、財政負担の平準化効果は限定的である。PFIの資金の支払いは、施設完成・引渡し後に一括して行われるか、残りの部分を割賦払いとすることが可能である。これにより、公共側の資金負担の分散が図れる一方、事業者への支払いの確実性が保証される仕組みとなっている。

　PFIを導入した事例として、愛知県岡崎市における男川浄水場更新事業が挙げられる。男川浄水場は、岡崎市の給水量の約50%を供給する重要な施設であるが、1965（昭和40）年の通水開始以来、老朽化や耐震性能の不足が指摘されており、早急な更新が求められていた。しかし更新には多額の事業費が必要であるため、岡崎市は民間事業者の技術力とノウハウを最大限活用することで、財政負担の軽減と効率的な事業運営を目指し、PFI手法を採用した。

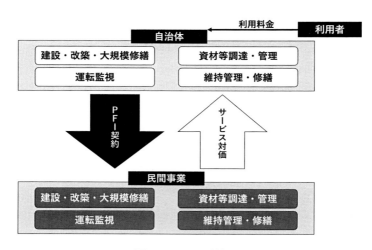

図6.4　PFIの仕組み

出典）国土交通省（2015）「国土交通省のPPP/PFIへの取り組みと案件形成の推進」および足立
　　　（2017）をもとに作成

PFI の導入により提案された施設配置や規模は、岡崎市が実施した基本設計と比較してコンパクトに設計され、場内配管の延長が削減された。さらに、要求水準を満たしつつ構造物のサイズを小型化することでコストの抑制が実現した。当初の VFM（Value for Money）は約 11 億円（6.1%）と試算されていたが、事業契約後には約 87 億円（46.1%）に達する成果が得られた。これにより施設の更新に伴う財政負担を大幅に軽減するとともに、効率的で安定した施設運営を実現している[59]。

図 6.5 に示すように、コンセッション方式とは、公共施設の所有権を公的主体（地方自治体や国）が維持しつつ、運営権を民間事業者に委譲して事業運営を行う手法である。この方式では、民間事業者が運営権を取得することで、施設の運営や維持管理を担い、必要な資金調達も事業者が行う点が特徴である。

資金調達を事業者が担うことで、公共側の初期負担を軽減しつつ、金融機関の監視機能が働くため、事業の透明性と効率性が向上する。また、民間事業者のノウハウを活用することで、運営コストの削減や施設サービスの向上が期待される。一方で、運営権を長期間にわたって民間に委ねるため、契約の設計や実行における透明性や公平性の確保が重要な課題となる。

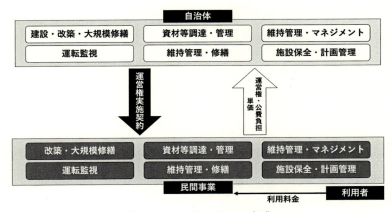

図 6.5　コンセッション方式

出典）国土交通省（2015）「国土交通省の PPP/PFI への取り組みと案件形成の推進」および足立（2017）をもとに作成

---

[59] VFM は、支払い（Money）に対して最も価値の高いサービス（Value）を供給するという考え方で、総事業費をどれだけ削減できるかを示す割合である。

コンセッション方式では、施設の所有権を公的主体（地方自治体や国）が維持したまま、民間事業者に公共施設等運営権を付与する形態を取る。民間事業者は利用者から利用料金を収受し、それをもとに事業を運営する。ただし、事業管理の最終責任は引き続き公共が負うため、公共主体の監視体制が維持される。民間事業者にとっては、運営権を担保として金融機関から資金調達を行うことが可能であり、これにより資金調達の容易化が図られる。
　この方式では、性能発注による施設の維持管理業務が含まれ、必要に応じて改築も行われるが、施設の全面除却を伴う再整備や新設工事は対象外となる（「公共施設等運営権及び公共施設等運営事業ガイドライン」（2013（平成25）年内閣府））。
　図6.6では、各種官民連携手法における民間事業者が担う主な業務範囲を示している。包括的民間委託では、契約期間が3～5年と比較的短期間であり、水道事業のように専門的な知識が求められる分野において、民間事業者の技術力を活用することで効率的な運営が可能となる。一方、PFI方式では、契約期間が20年以上となることが一般的であり、これにより民間事業者は長期的な視点で事業を展開することができる。

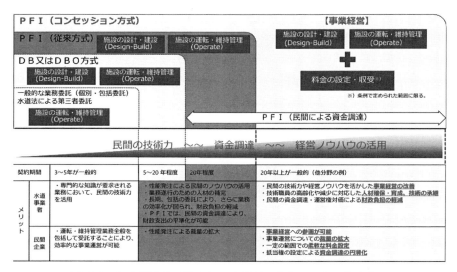

図6.6　各官民連携手法と民間事業者の実施する主な業務範囲
出典）厚生労働省「官民連携手法とメリット」を抜粋

第6章　施設の維持・更新と民営化

　PFI方式では、民間事業者の技術力や経営ノウハウが活用されるだけでなく、技術職員の高齢化や減少という課題への対応も期待される。また、民間事業者が資金調達や運営権を活用することで、財政負担の軽減が図られる。この方式において、事業者には運営の裁量が与えられ、柔軟な料金設定や運営権を担保にした資金調達の可能性が広がる。

　図6.7は、施設所有形態に基づくPFI事業方式を示している。これらの方式は、いずれも民間事業者が資金を調達し施設を建設する点で共通しているが、民間事業者から公的部門への所有権の移転や施設運営の開始時期によって異なる特徴を持つ。

　BOO方式（Build-Own-Operate）は、民間事業者が施設を建設、運営、維持管理し、契約期間が終了した後も施設の所有権を保持する方式である。選定事業者は施設の設計・建設を行い、その所有権を持ちながら運営・維持管理を続ける。事業終了後も、施設を解体・撤去するかどうかは選定事業者が判断する。この方式では、民間事業者が施設の所有権を持ち続けるため、リスクが最も高い。

　BOT方式（Build-Operate-Transfer）は、民間事業者が施設を建設、運営、維持管理し、契約期間終了後に施設の所有権を公共部門に移転する方式である。選定事業者は設計・建設を行い、所有権を持ちながら運営するが、契約終了時には施設を公共部門に譲渡する。

　BTO方式（Build-Transfer-Operate）は、民間事業者が施設の建設および資金調達を担い、完成後に所有権を公共部門に移転する方式である。その後、一定期間にわたり運営を継続するが、運営契約の終了とともに事業から撤退する。この方式では、施設の所有権は公共部門に残る。

施設所有形態別分類	概要			
BOO方式（Build-Own-Operate方式）	選定事業者が設計・建設を行い、所有したまま維持・管理し、事業終了時にSPCが対象施設を解体・撤去する方式	設計・建設 SPC	運営・維持管理 SPC	契約終了後 SPC
BOT方式（Build-Own-Operate方式）	選定事業者が設計建設を行い、施設を所有したまま公共サービスを提供するが、事業終了時には施設を公共部門に譲渡	設計・建設 SPC	運営・維持管理 SPC	契約終了後 公共
BTO方式（Build-Transfer－Operate方式）	選定事業者が施設を設計・建設し、運営・維持管理を行う。選定事業者の運営期間終了後、施設の所有権に変化なし。	資金調達・設計・建設 SPC	運営・所有 SPC 公共	契約終了後 公共
RO方式（Rehabilitate-Operate方式）	選定事業者が対象施設を改修した後に、施設の維持管理および運営を行う事業方式			

図6.7　施設所有形態別分類

出典）内閣府「内閣府PFI推進室の取り組み〜PPP/PFIについて〜」および足立（2023）をもとに作成

143

RO方式（Rehabilitate-Operate）は、民間事業者が既存施設を改修した後、その施設の運営・維持管理を行う方式である。この方式では、新規建設は含まれないが、改修を伴うため、施設の運営効率の向上が期待される。

これらの方式を比較すると、施設の所有権を保持する民間事業者のリスクは、BOO方式が最も高く、次いでBOT方式、BTO方式、RO方式の順でリスクが低減する。

２．PFI事業の実施体制

従来型の公共事業では、専門性に応じて業務を細分化し、個別業務ごとに分離発注する方法が取られてきた[60]。これに伴い、仕様規定に基づく要求水準が設定され、契約期間も単年度ごとに限定されていた。リスクは基本的に公共部門が負担し、資金調達も一般財源や地方債などを用いて行われてきた。一方で、PFI（Private Finance Initiative）方式は、公共施設の建設、維持管理、運営などを民間の資金や経営能力、技術的ノウハウを活用して包括的に実施する手法である。PFIでは、同一事業者と長期的な複数年度契約を締結し、性能規定を採用する。これにより、事業におけるリスクは契約に基づいて公共部門と民間部門の間で分担され、資金調達も民間部門が担う点が特徴である。

図6.8に示すように、PFI事業は主に「入札前」「入札・契約」「契約後」の３段階で進められる。入札前の段階では、民間事業者から提案される実施方針を基に、PFIの必要性や事業の枠組みを検討する。ここでは、公共施設の管理者が事業内容とリスク分担を公表し、公的財産の負担額を見積もることで、公共サービスの水準を評価する。そして、PFI事業として適切と判断される「特定事業」の選定が行われる。

次に、入札・契約の段階では、公共部門が募集を行い、民間事業者が提案

60　Cui et al.（2018）は、先行研究をレビューし、リスク管理、調達、財務的な面からPPPが効率的なインフラ提供寄与していることを示している。伊藤他（2017）では、インフラの維持管理には官民連携の推進やデジタル技術の活用が有効であることを提案している。太田（2019）では、広域化と民営化をパッケージ化する国および都道府県の動向や公営企業会計制度の見直しによる事業構造の改変などが述べられている。

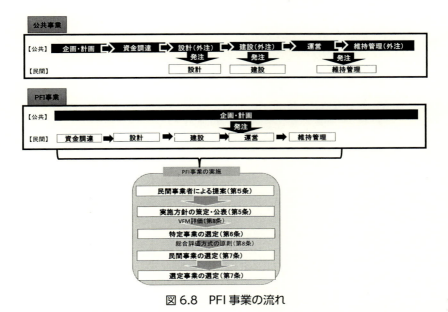

図 6.8 PFI 事業の流れ

出典）内閣府「内閣府 PFI 推進室の取り組み～PPP/PFI について～」および足立（2023）をもとに作成

を実施する。この提案を基に、民間事業者を評価・選定し、最終的に事業破綻時の措置を含む契約が締結される。契約後には、公共部門の監視の下、民間事業者が業務を実施する。この過程で、公共施設の管理者は金融機関と直接協定を結び、選定事業者との間で PFI 事業契約を締結する。契約には、要求水準の未達成や期限利益の喪失など一定の条件が生じた場合の通知義務が含まれる。また、資金供給を行う金融機関には、PFI 事業規約の解除権を一定期間留保する義務が課される。PFI 事業の成果は、VFM（Value for Money）の概念に基づいて評価される。これは、一定の支払いに対して最大限の価値を提供するサービスを目指す考え方であり、事業の効率性と効果を測る基準となる。

さらに、PFI 事業では、複数の業務を一括して民間事業者に受注させる。この際、設計、建設、維持管理、運営などの各業務を遂行するため、複数の民間事業者がコンソーシアムを形成する。コンソーシアムは特別目的会社（SPC: Special Purpose Company）を設立し、構成企業の出資や役員派遣に基づいて運営される。SPC 設立後、株主間協定書が締結され、出資割合

や役割分担、株式譲渡制限、融資条件、倒産不申立ての約定などが明記される。このように、SPC は PFI 事業の運営・支援体制やリスク分担を明確化する役割を担う。PFI 方式は、従来の公共事業とは異なり、民間の専門技術や資金を活用することで、効率的かつ効果的な公共サービスの提供を実現する新しい枠組みとして注目されている。

　図 6.9 は、特別目的会社（SPC: Special Purpose Company）の分類を示している。PFI（Private Finance Initiative）事業において、SPC は事業全体の実施主体として機能する。この SPC は、入札段階で公共部門と契約を締結し、事業遂行に必要な資金調達、設計、建設、維持管理、運営といった幅広い業務を一貫して実施する責任を負う。SPC の設立は、PFI 事業の円滑な進行における中心的な要素であり、公共部門と民間事業者の連携を具現化する仕組みである。SPC が締結する事業契約には、以下のような項目が明記される。この契約は、PFI 法、基本方針、リスク分担に関するガイドライン、会計法などの関連法規に基づいて作成される。

1．契約の目的と事業の趣旨
   　PFI 事業の全体像と達成目標を明確にする。
2．契約期間および履行期限
   　SPC が業務を遂行する期間と具体的な完了期限を定める。
3．事業概要および運営内容
   　対象施設の運営方針や提供するサービスの詳細を規定する。
4．資金調達方法と財務管理
   　民間金融機関からの借入れや担保設定など SPC が行う資金調達の手法を明記する。
5．サービス対価および契約金額
   　提供するサービスに対する報酬や契約金額の支払い条件を示す。
6．契約保証金や契約解除の手続き
   　万が一の事業破綻や契約解除に備えた規定を設ける。
7．リスク分担の範囲と責任分担

　公共部門と民間事業者の間で負担するリスクの詳細を明確にする。SPC は、事業の実施に必要な資金を調達するため、民間金融機関からの借入れを

第6章　施設の維持・更新と民営化

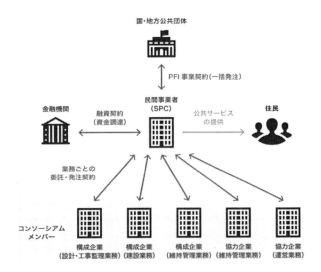

図 6.9　SPC の基本構造と分類

出典）内閣府「内閣府 PFI 推進室の取り組み〜 PPP/PFI について〜」および足立（2023）をもとに作成

表 6.1　PFI 事業の類型

事業費回収方法別分類	概要	事業例	事業内容	
独立採算型	選定事業者のコストが利用料金収入等の受益者からの支払いにより回収される類型	空港旅客ターミナルビル	整備等の費用を航空旅客の空港利用料で回収	
サービス購入型	選定事業者のコストが公共部門から支払われるがサービス購入料より全額回収される類型	庁舎	庁舎整備費を公共団体からのサービス購入料で回収	
混合型	選定事業者のコストが巧妙部門から支払われるサービス購入料と利用料金等の受益者からの支払いの双方による回収される類型	体育館	施設改修費は公共団体が支払い、運営費は施設利用料や公共団体で支払う	

出典）内閣府「内閣府 PFI 推進室の取り組み〜 PPP/PFI について〜」および足立（2023）をもとに作成

行う。この際、借入金に対して SPC が保有する全資産を担保として設定することが一般的である。また、融資を受けた金融機関との間には、契約違反や事業リスクに対応するための協定が締結される。これにより、資金調達の透明性と安全性が確保される。さらに、「PFI 事業のリスク分担等に関するガイドライン」では、事業期間中に発生する可能性があるリスクとして、以下の要素が挙げられている。

147

1. 事故や災害の発生
   自然災害や人為的な事故による施設の損壊やサービス提供の中断。
2. 需要の変動
   サービス利用者数の減少や需要の急増による収支の不安定化。
3. 天災や異常気象
   洪水、地震、台風などの予測不可能な気象条件による影響。
4. 物価上昇やインフレ
   建設費や運営費の増加に伴うコストの上昇。

　これらのリスクは、事業契約の締結時点で完全に予測することは難しいため、契約内で詳細なリスク分担の取り決めを行うことが必要不可欠である。具体的には、リスクの一部を民間事業者が負担することで、公共部門の財政負担を軽減し、効率的な事業運営を実現する仕組みが求められる。PFI事業の根本的な目的は、公共サービスの提供において、最小限のコストで最大限の価値を創出することである。この目的を達成するためには、SPCを中心とした透明性の高い事業運営と、公共部門と民間事業者との間で明確に定められた責任分担が重要となる。

　リスクには、調査や設計に関連するリスク、用地確保に伴うリスク、建設段階におけるリスク、維持管理や運営に関わるリスク、事業終了段階に発生するリスク、さらにこれら全ての段階に共通して関連するリスクが挙げられる。また、不可抗力として、物価や金利の変動、為替レートの変動、税制の

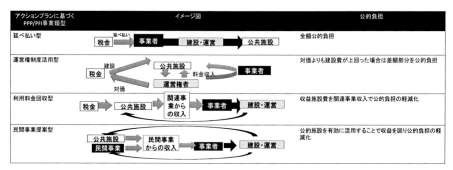

図 6.10　PFI事業と公的負担

出典）内閣府「内閣府PFI推進室の取り組み〜 PPP/PFIについて〜」および足立（2023）をもとに作成

変更、施設の設置および管理基準の変更、関連法令の変更、許認可の取得などが考えられる。これらの不可抗力が発生し、業務の履行が不可能になった場合、事業者は直ちに書面で管理者などに通知することが求められる。不可抗力による影響の範囲内で、事業者は業務履行義務を免除される。ただし、事業者には損害を最小限に抑える努力義務が課される。さらに、業務内容の変更や事業の遅延、損害の発生、増加費用の分担に関しては、官民間で協議を行い、一定の期間内に合意を形成することが求められる。もし合意が成立しない場合には、管理者などが対応方法を事業者に通知し、それに基づいて事業者が事業を継続する義務を負うことになる。

3. 福知山市の事例

　少子高齢化や人口流出に伴う給水人口の減少、住民の節水意識の向上、節水機器の普及などにより、水需要の減少が進み、給水収益の低下や水余りの状況が深刻化している。さらに、老朽化した水道施設の更新には多額の事業費が必要であり、この財政的な負担を軽減するためには、民間事業者の持つ技術力やノウハウを最大限に活用することが求められている。しかし、官民連携や広域化といった経営の効率化を図る取り組みには、事業スキームの構築に長い時間が必要であるという課題がある。また、管路や施設の大規模修繕、会計事務の委託範囲の拡大、さらにアセットマネジメントを活用した施設更新の計画策定など、事業の継続性を担保するための具体的な施策を実行する必要がある。たとえこれらの取り組みを導入できたとしても、実施後のフォローアップが不可欠である。

　民間委託においては、浄水場の運転管理業務などの委託が進められてきたが、従来の仕様発注では民間の裁量や創意工夫が発揮しにくいという新たな課題が浮き彫りとなった。一方、広域化においては、料金格差や地域ごとの状況の違いが要因となり、実現に向けた合意形成が進まず、具体的な検討に至らないケースが多い。さらに、PFI 事業には、VFM や現在価値化といった従来の公共事業とは異なる独自の概念が含まれており、これが組織内部での意思決定や説明に時間を要する要因となっている。このため、担当職員の育成や研修を通じた知識の習得が重要である。

　本節では、福知山市上下水道事業における包括的民間委託の事例を紹介す

る。この事業では、2017（平成29）年に料金改定を行うにあたり、組織が自ら経営改革の必要性を認識し、官民連携を積極的に進める方針を掲げた。2019（平成31）年には、複数年契約、包括委託、性能発注を軸に約25億円で5年間の包括的民間委託を締結した。本事業の目的は、民間企業の創意工夫や技術力を活用し、上水道事業を安定的に継続することである。公募型プロポーザル方式で発注されたこの事業では、SPCの設立や性能規格化範囲の拡大を通じて、利用者サービスの向上や地域経済の活性化が期待されている。

　図6.11に示すように、従来委託されていた45業務に加え、9業務を追加した計54業務が一括委託されている。これには、維持管理業務、営業業務、管理業務、経営および計画業務、施設保全管理業務に加え、計画外修繕業務、窓口・検針・料金関連業務、料金システム構築管理、社会貢献活動などが含まれる。包括的民間委託においては、従来の仕様書ではなく、到達目標を明記した要求水準書の作成が必要とされる。福知山市では、この要求水準書に基づき、業務の成果を評価するための仕組みとして総括モニタリング会議を設けている。

委託業務

1　旧簡易水道日常保守管理業務
2　毎日採水・水質検査業務
3　電気設備保守管理業務
4　電気計装設備保守管理業務
5　監視制御システム保守管理業務
6　濁度計・高感度濁度計保守管理業務
7　コンプレッサー保守管理業務
8　ICP発光分光分析装置点検整備業務
9　イオンクロマトグラフ点検整備業務
10　超純水生成装置保守管理業務
11　凝ろ過施設保守管理業務
12　次亜生成装置電解槽酸洗い業務
13　急速ろ過機・連続移動床砂ろ過機保守管理業務
14　緩砂ろ過機保守管理業務
15　凝ろ過機濾過洗浄業務
16　浄水池ほか底部潜水清掃業務
17　自家発電設備保守点検業務
18　ホイスト・クレーン定期自主点検
19　浄化槽清掃点検業務
20　緊急修繕業務

21　堤第1水源閉塞に伴うエアブロー業務
22　ろ過池薬剤洗浄業務
23　有収率向上対策調査業務
24　マッピング・給水詳細ファイリング業務
25　除草業務
26　植木剪定業務
27　上下水道・農集事業　休日夜間対応業務
28　水道料金等徴収業務
29　宅内排水設備工事関連業務
30　水道料金個別業務
31　上下水道料金システム保守業務
32　上下水道料金システム構築業務
33　庁舎・堀浮水場機械整備補助業務
34　下荒河浄水場機械整備補助事業
35　上下水道部定期清掃業務
36　下荒河浄水場管理棟清掃業務
37　上下水道部庁舎ほか日常清掃業務
38　庁舎1階シャッター保守点検業務
39　自動扉設備保守点検業務
40　上下水道部庁舎エレベータ保守点検業務

41　上下水道部消防設備点検業務
42　庁舎ほかねずみ・衛生害虫駆除業務
43　上下水道部環境測定業務
44　上下水道部庁舎空調機器保守点検業務
45　ガス空調機器保守点検業務
46　書類受付処理業務
47　給水装置工事申込等に係る業務
48　排水設備計画確認申請等に係る業務
49　料金減免等調定更正業務
50　水道施設運転管理業務
51　ユーティリティ管理業務
52　中期事業計画点検業務
53　施設情報運用計画
54　施設台帳更新業務

福知山市上水道事業等包括的民間委託業務

図6.11　上水道事業等における業務委託内容

出典）福知山市「福知山市上水道事業等包括的民間委託業務にかかるモニタリングの評価について」より抜粋

福知山市では、この包括的民間委託の成果を適切に評価するために、毎年「総括モニタリング会議」を開催し、業務内容について評価を行っている。この評価はまず「小モニタリング」で詳細な点数を算出した後、総括モニタリングでさらに分析・評価を行うという二段階のプロセスを取る。具体的には、274項目の小モニタリング項目について、◎（1点）、○（1点）、△（0.5点）、×（0点）の4段階で評価を行い、それぞれの項目に設定された重要度に基づき、加重平均を用いて点数を算出する。その後、これらの評価点を集計し、4つの大項目ごとに「優」から「不可」までの評価を付ける仕組みとなっている。なお、◎は要求水準を超える成果を挙げた場合に付与され、○と同等の点数として計算される。このようにして得られた総合評価は、第三者委員会による総括モニタリング会議で毎年審議され、必要に応じた改善策や今後の方向性が所見としてまとめられる。

さらに、2024（令和6）年には、2029（令和11）年までの5年間を対象とした新たな包括的民間委託契約が締結された。契約金額は約39億円に上り、第2次福知山市上下水道事業等包括的民間委託では、特に有収率の向上を重点課題として取り組んでいる。有収率向上対策の一環として、漏水調査で発見された漏水箇所の予防的修繕や減圧弁の保守点検を新たな業務として委託することが決定されている。これにより、漏水修繕後の再漏水（復元漏水）を防ぎ、有収率の向上を図るとともに、結果として経費削減にも寄与することが期待されている。

このように、PFI事業や包括的民間委託では、到達目標を明確に設定し、適切にリスクを管理することが重要である。これにより、民間事業者の持つ専門的なノウハウや技術を効率的に活用し、公共サービスの質を向上させるとともに、持続可能な運営体制を構築することが可能となる。福知山市の取り組みは、官民連携を進める上での課題と可能性を示す事例として他の自治体にも参考となるものである。

第 7 章 | 水道事業の受水負担と財政運営

1．水道事業における給水事業体制

　総務省が発表した「水道財政のあり方に関する研究会報告書」によれば、日本の水道事業は少子高齢化や人口減少の進行による水需要の変化を背景に、厳しい経営環境に直面している。特に、中小規模の水道事業では、従来の経営形態を維持したままでは、将来的に住民に対する安定した給水サービスの提供が困難になる可能性が指摘されている。この問題は、人口減少による料金収入の減少が主要な要因となっており、経営改善に向けた具体的な取り組みが求められている。

　水道事業が各家庭に安全な水を供給するためには、表流水やダムなどの水源から取水した水を浄水場で処理し、配水池で一時的に貯留した後、配水管や給水管を経て各家庭に届けるという工程が必要である。このプロセスには、水源の確保から浄水、さらには配水に至るまでの施設整備が不可欠であり、それに伴う財政的負担も非常に大きい。そのため、多くの地域では、都道府県や企業団といった広域団体が用水供給を担い、各事業団に供給する形態が採用されている。

　水道事業の運営形態は地域によって大きく異なり、全ての工程を自らの施設で行う事業団もあれば、広域的な用水供給事業体から水を受けて給水を行う事業団、さらには受水のみに依存する事業団も存在する。総務省が発行した「地方公営企業年鑑：水道事業の概況」（2019（令和元）年）によると、末端水道事業団の約 51.5%（645 事業団）が自己水のみで給水を行い、約 38.8%（486 事業団）は自己水と受水を併用している。また、約 9.7%（121 事業団）は受水のみに依存していることが報告されている。

　受水割合にも地域差があり、受水割合が 25% 以下の事業団は全体の 8.9%（112 事業団）を占める一方、25% 以上 50% 未満は 11.6%（145 事業団）、50% 以上 75% 未満は 10.9%（136 事業団）、75% 以上 100% 未満は 7.4%（93 事業団）となっている。このような運営形態の多様性は、地域ごとの地理的条件や施設規模、人口規模の違いに起因している。

152

第 7 章　水道事業の受水負担と財政運営

　広域的な施設整備は、財政負担の軽減や災害時の給水確保におけるリスク分散といった効果が期待される。しかし、水源から配水までのプロセスを広域用水供給事業体に依存する末端給水事業団では、受水コストが財政運営に及ぼす影響が大きいという課題も存在する。このような課題を克服するために、一部地域では用水供給事業団と末端給水事業団の垂直統合による広域化が進められている。

　これらの取り組みは、水道事業の持続可能性を確保し、将来の住民サービスの安定的な提供を実現するための重要なステップである。本節では、こうした水道事業の背景を踏まえ、次節で給水体制の詳細についてさらに掘り下げて説明する。

2．用水供給事業団と末端給水事業団

　水道事業は、独立採算制（地方財政法第 6 条）および市町村経営（水道法第 6 条第 2 項）を原則としている。しかし、浄水施設や配水池の建設、管路の整備には莫大な資金を要するため、市町村単独で実施することは財政的に困難である。この課題に対応するため、安定的な水源の確保と施設および管路の効率的な運営を目的として、都道府県や企業団が経営主体となり、複数の市町村にまたがる広域水道の整備が進められてきた。この取り組みにより、用水供給事業団として広域的な給水サービスが可能となっている。

　また、2011（平成 23）年の水道法改正では、水道事業者の多くが中小規模であり、水質管理や設備運営の体制が脆弱であるという問題が指摘された。改正においては、事業の広域化による管理体制の強化が求められ、第10 条および第 11 条に具体的な方策が示された。これには、水道事業統合時の変更や認可手続きを届出制に改めることで簡素化を図ることが含まれている。さらに、都道府県は従来の広域的水道整備計画に加え、水道事業の広域化推進に積極的に取り組む役割を担うこととなった。

　水道事業の効率化と安定性を確保するためには、以下の点が重要である。第一に、広域的な運営体制を整備することで、経済的なスケールメリットを活かし、効率的な設備投資と運営を実現する必要がある。第二に、事業の統合を円滑に進めるための制度的支援を強化し、手続きの簡素化や技術的な支援を提供することが求められる。第三に、水質管理の強化を通じて、住民に

153

対して安全で安定した水道サービスを提供する体制を構築する必要がある。これらの取り組みを通じ、水道事業の運営効率を高めるとともに、住民生活の基盤となる水道サービスの信頼性を向上させることが可能となる。結果として、持続可能な水道インフラの構築と地域社会の発展に寄与することが期待される。

用水供給事業団の歴史的変遷を振り返ると、1960年代（昭和30年代後半から昭和40年代前半）の高度経済成長期における急激な人口増加と生活水準の向上に伴う水需給の逼迫への対応、さらには地下水の過剰な汲み上げによる地盤沈下の防止が、その設立の背景にあった。これらの課題に対応するため、末端給水事業を営む市町村の要望に基づき、多くの用水供給事業団が創設された。また、1977（昭和52）年の水道法改正では、広域的水道整備計画に基づき、水需給の不均衡や水源開発コストの上昇、施設老朽化による維持補修費の増加、職員確保の困難化といった問題に対処するため、用水供給事業団の役割がさらに重要視された。

図7.1が示すように、用水供給事業団は都道府県および企業団が運営し、水源を確保して市町村の末端給水事業者に安定的に水を供給する仕組みである。この構造において、用水供給事業団は構成団体である末端給水事業者に対し水道用水を卸売りし、末端給水事業者は住民に直接水道用水を供給する役割を果たしている。住民は受水費を含む水道料金を市町村に支払い、市町村は受水費を用水供給事業団に支払うことで運営が成り立っている。

多くの都道府県が運営する事業団は、県内の末端給水事業者に用水を供給する広域水道の役割を担っている。しかし、地理的な制約により、一部の事業団は行政区を超えて給水を行っている例が見られる。例えば、埼玉県の用水供給事業団は39市19町で構成されており、行政区域を越えて茨城県五霞町にも給水している。同様に、広島県では6市5町の広島水道用水供給事業が愛媛県今治市に、4市1町の沼田川水道用水供給事業が愛媛県上島町に給水している。このように、地理的要因が水道事業の運営に与える影響は大きく、行政区を超えて供給を行う事例が存在する。

さらに、都道府県が運営する事業団の中には、用水供給の役割に加え、末端給水の役割を兼ねるものもある。例えば、表7.1から千葉県営水道事業団は11市を構成団体とし、東京都水道局は23区および多摩地区26市町（武蔵野市等を除く）を構成団体として、末端給水事業者としても機能している。

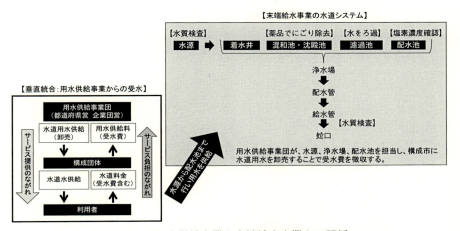

図 7.1　用水供給事業と末端給水事業との関係

出典）中津川市「水道事業」をもとに作成
https://www.city.nakatsugawa.lg.jp/soshikikarasagasu/suidoka/1/1/987.html（2021 年 10 月 26 日閲覧日）

　企業団においても、多様な役割分担が見られる。表 7.2 から北海道では、長瀞上水道企業団、西空知広域水道企業団、月新水道企業団の 3 事業団が末端給水を担う一方、桂沢水道企業団や石狩東部広域水道企業団など 5 事業団は末端給水事業者に用水を供給する役割を果たしている。例えば、桂沢水道企業団は 2 市 1 町の末端給水事業団に給水している。また、大阪府の大阪府広域水道企業団は 32 市 9 町 1 村で構成され、大阪全域で末端給水と用水供給の両方を行っている。

　このように、用水供給事業団および企業団は、それぞれの地域特性やニーズに応じて多様な役割を果たしている。その運営形態は地域ごとに異なり、広域化の中で地域社会に適した水道事業の形態を模索しながら、持続可能な水道インフラの構築に貢献している。このような取り組みは、水道事業の効率化と安定的な水供給の実現を目指す上で不可欠なものである。

　兵庫県全体の用水供給事業と末端給水事業の運営については、表 7.3 に詳細が示されている。兵庫県用水供給事業は、神戸、阪神、播磨、丹波、淡路地域にわたる 17 市 5 町 1 企業団を対象に、1 日あたり最大 480,400 m^3 の水道用水を供給している。この事業の水源は県内の猪名川、武庫川、加古川、市川の 4 つの水系に位置する 7 つのダムであり、供給される水は 5 つの浄

表 7.1　都道府県営における末端給水事業団と用水供給事業団

末端給水事業団		
都道府県営	事業団名	構成市
千葉県	県営水道	11 市
東京都	東京都水道（局）	23 区多摩地区 26 市町 （武蔵野市、昭島市、羽村市、檜原村を除く）
神奈川県	神奈川県営水道事業	12 市 6 町
長野県	上田水道管理事務所	2 市 1 町
	川中島水道管理事務所	2 市 1 町
用水供給事業団		
都道府県営	事業団名	構成市
宮城県	大崎広域水道事業	3 市 6 町 1 村
	仙南・仙塩広域水道事業	8 市 9 町
山形県	置賜広域水道用水供給事業	2 市 2 町
	村山広域水道用水供給事業	6 市 6 町
	最上広域水道用水供給事業	1 市 2 町
	庄内広域水道用水供給事業	2 市 2 町
茨城県	県南西広域圏	12 市 23 町 6 村
	鹿行広域圏	2 市 6 町 2 村
	県中央広域圏	4 市 11 町 2 村
	県北広域圏	4 市 5 町 7 村
栃木県	北那須水道用水供給事業	2 市
	鬼怒水道用水供給事業	2 市 1 町 1 企業団
群馬県	県央第一水道	2 市 1 町 1 村
	県央第二水道	4 市 1 村
埼玉県	県営水道	39 市 19 町（茨城県五霞町含む）
富山県	西部水道用水供給事業	4 市
	東部水道用水供給事業	2 市 2 町
石川県	石川県水道用水供給事業	9 市 4 町
福井県	日野川地区水道用水供給	3 市 2 町
	坂井地区水道用水供給	2 市
長野県	松塩水道用水管理事務所	2 市 1 村
岐阜県	岐阜東部上水道用水供給事業	7 市 4 町
静岡県	駿豆水道用水供給事業	2 市 1 町
	榛南水道用水供給事業	2 市
	遠州広域水道用水供給事業	4 市 1 町
愛知県	愛知県水道用水供給事業	31 市 7 町 1 広域事務組合 3 企業団
三重県	北中勢水道用水供給事業	6 市 4 町
滋賀県	湖南水道用水供給事業	8 市 2 町
京都府	京都府水道用水供給事業	7 市 3 町
兵庫県	兵庫県水道用水供給事業	17 市 5 町 1 企業団
奈良県	奈良県水道用水供給事業	11 市 12 町 1 村
島根県	飯梨川水道給水区域	2 市
	斐伊川水道給水区域	3 市
広島県	広島水道用水供給事業	6 市 5 町（愛媛県今治市含む）
	広島西部地域水道用水供給事業	3 市
	沼田川水道用水供給事業	4 市 1 町（愛媛県上島町含む）
香川県	香川県広域水道企業	1 県 8 市 8 町（直島町を除く）
沖縄県	沖縄県企業局	9 市 6 町 14 村 1 企業団
香川県	簡易水道事業	1 町

出典）足立（2022）、足立・篠崎（2022）ならびに都道府県営事業団の規定書をもとに作成

第 7 章　水道事業の受水負担と財政運営

表 7.2　企業団営における末端給水事業団と用水供給事業団

用水供給事業団			末端給水事業団		
都道府県（事業団数）	企業団名	構成団体数	都道府県（事業団数）	企業団名	構成団体数
北海道（5事業団）	桂沢水道企業団	2市1町	北海道（4事業団）	長幌上水道企業団	2町
	石狩東部広域水道企業団	4市1町1企業団		西空知広域水道企業団	3町
	北空知広域水道企業団	1市4町		月形上水道企業団	1町1村
	十勝中部広域水道企業団	1市3町2村		中空知広域水道企業団	3市1町
	石狩西部広域水道企業団	4市1町1企業団	青森県（3事業団）	津軽広域水道企業団	7市2町1村
青森県（1事業団）	津軽広域水道企業団	6市3町1村		久吉ダム水道企業団	1市1町
岩手県（1事業団）	奥州金ケ崎行政事務組合	1市1町		八戸圏域水道企業団	1市6町
福島県（3事業団）	白河地方広域市町村圏整備組合	1市2町3村	岩手県（1事業団）	岩手中部水道企業団	2市1町
	会津若松地方広域市町村圏整備組合	1市7町2村	宮城県（1事業団）	石巻地方広域水道企業団	2市
	福島地方水道用水供給企業団	3市3町	山形県（2事業団）	最上川中部水道企業団	1市2町
千葉県（6事業団）	九十九里地域水道企業団	5市7町1村		尾花沢市大石田町環境衛生事業組合	1市1町
	北千葉広域水道企業団	1市7市	福島県（2事業団）	双葉地方水道企業団	5町
	東総広域水道企業団	2市1町		相馬地方広域水道企業団	2市1町
	君津広域水道企業団	1市4市	新潟県（1事業団）	燕・弥彦総合事務組合	1市1村
	印旛郡市広域市町村圏事務組合	7市2町	茨城県（2事業団）	茨城県南水道企業団	3市1町
	南房総広域水道企業団	5市3町		湖北水道企業団	2市
神奈川県（1事業団）	神奈川県内広域水道企業団	1県3市	栃木県（1事業団）	芳賀中部上水道企業団	3町
新潟県（2事業団）	新潟東港地域水道用水供給企業団	2市1町	群馬県（1事業団）	群馬東部水道企業団	3市5町
	三条地域水道用水供給企業団	2市1町	埼玉県（4事業団）	越谷・松伏水道企業団	1市1町
富山県（1事業団）	砺波広域圏事務組合	2市		桶川北本水道企業団	2市
山梨県（2事業団）	峡北地域広域水道企業団	3市		坂戸・鶴ヶ島水道企業団	2市
	峡東地域広域水道企業団	3市		秩父広域市町村圏組合	1市4町
長野県（3事業団）	浅麓水道企業団	2市2町	千葉県（5事業団）	三芳水道企業団	2市
	長野県上伊那広域水道用水企業団	3市1町2村		長門川水道企業団	1町1村
	高瀬広域水道企業団	1市1町3村		八匝水道企業団	2市
静岡県（1事業団）	静岡県大井川広域水道企業団	1県7市2町		山武郡市広域水道企業団	3市2町
大阪府（2事業団）	泉北水道企業団	3市		長生郡市広域市町村圏組合	1市5町1村
	大阪広域水道企業団	32市9町1村	山梨県（1事業団）	東部地域広域水道企業団	2市
兵庫県（2事業団）	阪神水道企業団	5市	長野県（1事業団）	佐久水道企業団	2市2町
	安室ダム水道用水供給企業団	2市1町	静岡県（1事業団）	大井上水道企業団	2市
岡山県（4事業団）	備南水道企業団	1市1町	愛知県（4事業団）	海部南部水道企業団	2市1村
	岡山県南部水道企業団	3市		北名古屋水道企業団	1市1町
	岡山県西南部水道企業団	2市1町		丹羽広域事務組合	2町
	岡山県広域水道企業団	1県10市7町		愛知中部水道企業団	4市1町
山口県（2事業団）	柳井地域広域水道企業団	2市4町	滋賀県（2事業団）	長浜水道企業団	2市
	光地域広域水道企業団	3市		愛知郡広域行政組合	2町
香川県（1事業団）	小豆地区広域行政事務組合	2町	大阪府（1事業団）	大阪広域水道企業団	32市9町1村
愛媛県（2事業団）	南予水道企業団	3市1町	兵庫県（3事業団）	西播磨水道企業団	2市
	津島水道企業団	1市1町		淡路広域水道企業団	3市
福岡県（5事業団）	山口広域水道企業団	2市1企業団		播磨高原広域事務組合	1市2町
	福岡県南広域水道企業団	8市3町1企業団	島根県（1事業団）	斐川宍道水道企業団	2町
	福岡地区水道企業団	6市7町1企業団1事務組合	山口県（1事業団）	田布施・平生水道企業団	2町
	田川広域水道企業団	1市3町	福岡県（3事業団）	宗像地区事務組合	2市
	京築広域水道企業団	2市5町		三井水道企業団	2市1町
佐賀県（2事業団）	佐賀東部水道企業団	2市4町		春日那珂川水道企業団	2市
	佐賀西部広域水道企業団	4市3町1企業団	佐賀県（2事業団）	西佐賀水道企業団	4町
熊本県（1事業団）	上天草・宇土水道企業団	4市		佐賀東部水道企業団	2市4町
福井県（1事業団）	芦原温泉上水道財産区	1市	熊本県（2事業団）	大津菊陽水道企業団	2町
				八代生活環境事務組合	1市
			宮崎県（1事業団）	一ツ瀬川営農飲雑用水広域水道企業団	1市3町
			沖縄県（1事業団）	南部水道企業団	2町

出典）足立（2022）、および都道府県営事業団の規定書をもとに作成

表 7.3　兵庫県における用水給水事業団及び末端給水事業団

運営管轄	事業管轄		基本料金	超過料金	10 m³ あたり料金	有収水量 1 m³ 当たりの受水費	兵庫県営（用水供給事業）	企業団営（末端給水事業）	企業団営（用水供給事業）
用水供給事業団									
都道府県営	用水供給事業	兵庫県	130				○		
企業団営	末端給水事業	西播磨水道企業団	586	46	818			○	
		淡路広域水道企業団	1188	108	2268		○	○	
		播磨高原広域事務組合	756	151	2268			○	
	用水供給事業	阪神水道企業団	67	80					○
		安室ダム水道用水供給企業団							○
末端給水事業団									
指定都市営	末端給水事業	神戸市	968	160	968	62.90	○		阪神水道企業団
市営	末端給水事業	姫路市	1,005	5	1,032	46.96	○		
		尼崎市	605	49	1,100	71.55	○		阪神水道企業団
		明石市	957	10	1,012	35.13	○		
		西宮市	918	15	1,072	68.36	○		阪神水道企業団
		芦屋市	990	154	990	62.23	○		阪神水道企業団
		伊丹市	451	38	836	8.74	○		
		豊岡市	704	66	1,364		○		
		加古川市	929	36	1,111	30.56	○		
		赤穂市	374	49	374				安室ダム水道用水供給企業団
		西脇市	1,155	44	2,035	53.73	○		
		宝塚市	880	22	1,100	57.40	○		阪神水道企業団
		三木市	990	137	1,265	58.83	○		
		高砂市	583	88	583	16.76	○		
		川西市	770	66	1,540	76.08	○		
		小野市	1,298	145	1,298	47.62	○		
		三田市	1,210	16	1,375	101.41	○		
		加西市	690	138	1,385	138.02	○		
		丹波篠山市	1,722	297	1,793	82.74	○		
		養父市	1,720	198	1,720		○		
		丹波市	1,393	185	2,323		○		
		朝来市	1,280	160	1,590		○		
		宍粟市	1,980	154	1,980		○		
		加東市	990	139	1,683	71.99	○		
		たつの市	825	99	825			播磨高原広域事務組合 西播磨水道企業団	
町村営	末端給水事業	猪名川町	770	154	1,540	113.70	○		
		多可町	2,200	165	2,200				
		稲美町	1,100	170	1,100	13.78	○		
		播磨町	440	110	1,540	15.81	○		
		市川町	770	150	1,190				
		福崎町	968	99	1,020	12.78	○		
		神河町	1,892	231	1,991				
		太子町	990	110	990	18.70	○		
		上郡町	990	110	2,090			播磨高原広域事務組合	
		香美町	825	78	1,606				
		新温泉町	1,760	176	1,760				
自事業なし		洲本市					○	淡路広域水道企業団	
		相生市						西播磨水道企業団	
		南あわじ市					○	淡路広域水道企業団	
		淡路市					○	淡路広域水道企業団	

出典）足立（2022）、都道府県営事業団の規定書、総務省「令和 4 年地方公営企業年鑑」をもとに作成

水場で浄水処理を経て、各市町の配水池に送られている。さらに、自施設を保有しつつ、他の供給事業者からの受水による補完を行っている自治体もある。たとえば、神戸市、尼崎市、西宮市、芦屋市は、自前の施設に加え、兵庫県用水供給事業団や阪神企業団からの供給を受けており、これにより安定した水供給を確保している。一方で、洲本市や南あわじ市のように、自前の供給施設を持たず、兵庫県営用水供給事業団や企業団営用水供給事業団の供給に全面的に依存する自治体も存在する。このように、地域ごとに特化した水供給体制を採用することによって、兵庫県全域で効率的かつ安定した水供給を実現している。

　用水供給事業団からの受水は、複数の浄水施設や配水池の維持管理、管路の整備といったインフラに資金を要することから、将来の人口減少に伴う需要の減少や施設の老朽化に伴う多額の維持補修費を考慮すれば、一つの選択肢として依存する方法も考えられる。一方で、末端給水事業の経常費用において都道府県や企業団からの受水負担を見ると、受水費（資本費を含む）は減価償却費（法非適用事業の場合は地方債償還金）に次いで高額であり、さらに支払利息を含む資本費的な費用が全体の約5割を占めている。これにより、受水が財務状況に及ぼす影響が無視できないことが明らかである。また、水源別費用負担の比較では、ダム（98.6％）や表流水（101.2％）に比べて受水費（96.3％）の経費回収率が相対的に低い。このことは、取水から配水に至る給水構造における受水の有効性に疑問を投げかけるものであり、今後その適切性を慎重に検討する必要がある。

　以上の社会的背景と課題を踏まえ、本節では、用水供給事業と末端給水事業における給水提供体制が末端給水事業の財務状況に与える影響を明確にすることを目的とする。具体的には、政治要因、地理要因、経営要因をコントロールした上で、受水費の有無および受水比率が料金回収率、収益性繰入率、資本性繰入率、企業債償還比率に与える影響を分析する。この分析を通じて、用水供給事業と末端給水事業による給水提供体制の有効性を評価し、今後の給水政策の方向性を示唆するものである。

3．推計モデルと変数

　水道事業の給水提供体制において、用水供給事業団からの受水は、末端給

水事業団にとって人的・技術的・財政的に脆弱な基盤を補完する重要な役割を果たしている。一方で、用水供給事業団に支払う受水負担が末端給水事業団の財政運営に与える影響は看過できない課題となっている。このため、用水供給と末端給水による垂直的提供体制が、各事業団の財政状況にどのような影響を及ぼしているのかを明らかにすることが重要である。

　本分析では、末端給水事業団が用水供給事業団から受水しているか否か、さらに受水割合が財政運営にどのような影響を与えているのかを検証するため、以下の線形回帰モデルを採用し、その関係性を体系的に分析する。

$$Y_{it} = \alpha + \beta Receiving_{it} + \gamma X_{it} + \mu_{it} \qquad (1)$$
$$\mu_{it} = \mu_t + \varepsilon_t + \tau_{it} \qquad (2)$$

　水道事業は、取水施設、浄水施設、貯水施設、導水施設、送水施設及び配水施設の歴史的条件、水源、給水区域面積、区域数、市街地からの距離等の地理的条件によって経営効率も変わり、経費に差異が生じてくる。また、水道事業は総括原価方式をとりながらも、料金収入以外に、収益的繰入金や資本的繰入金等の公費と企業債等の債務が投入され、費用に見合った適切な料金設定が課題となっている。したがって、ここで Y、は、末端給水事業団の財政変数を表す変数であり、$Receiving$ は用水供給事業団から末端給水事業団の受水に関する変数ベクトル、水道事業運営に影響をもたらす要因として政治要因、経営要因、構造要因を表す変数ベクトルを X とする。β と γ は、推定する係数ベクトルである。μ は観察不可能な経済主体独自の個別効果を表し、ε は観察不可能な時間効果、τ は攪乱項とする。なお、i は個別経済主体、t は年度を示す。

　水道事業は、地方公営企業法によって定められた複式簿記による会計方式を採用している。水道事業を毎年の経営状態を評価する収益的収支予算（3条予算）として、水道料金や繰入金等を収入とし、職員給与、動力費、修繕費、減価償却費、支払利息（企業債償還利息）等を支出している[61]。これら

61　3条予算には、当該年度に発生が予定される全ての収支を予算に計上することから、減価償却費や長期前受金戻入も予算に計上する。4条予算は原則として、現金収支のみ計上である。

第 7 章 水道事業の受水負担と財政運営

は損益計算書からわかる。資本的収支に関する取引を評価する資本的収支予算（4条予算）は貸借対照表に示されている。老朽化した施設や管路を更新するうえで、施設の更新や新設等の建設改良費、借入金（企業債等）の元金返済等の支出に対して、借入金（企業債等）、国県補助金、受益者負担金で補填する[62]。したがって、本節の推定に用いる主なデータとして、総務省「地方公営企業年鑑　水道事業」の「施設・業務概況及び経営分析に関する調」「損益計算書及び資本収支に関する調」「貸借対照表及び財務分析に関する調」の 2011（平成 23）～2022（令和 4）年度の 1,209 事業団のバランスト・パネルデータを使用する。一般家庭に給水を行う水道事業団は、市町村を中心に運営されていることから、本節の対象は、指定都市営、市営、町村営の末端給水事業団とする。なお、都道府県営および企業団営の末端給水道事業は、給水の共同化および経営事業の統合を目的に運営されていることから、また都道府県営および企業団営の用水給水事業は構成団体に卸売することを目的に運営されていることから、指定都市営、市営、町村営の末端給水事業と運営目的を異としているため分析対象としない[63]。

　以上のデータを用い、水道法第 14 条の供給規定に基づいて変数を作成した。このとき、「　」は総務省「地方公営企業年鑑　水道事業」」等のデータ名、【　】は作成した変数を示している。そこで、本節では各水道事業団の観察されない欠落変数によるバイアスを除去するために、パネルデータを用いて固定効果モデルで、政治要因、経営要因、構造要因を考慮し、水道事業団の用水供給事業団の受水が末端給水事業団の財政運営に与える影響を検証する[64]。

62　4条予算は外部資金のみ計上し、当該事業年度または前事業年度以前の予算を経ている経営活動による利益や減価償却費等の現金支出を伴わない費用による内部留保された資金は、建設改良費に計上しない。

63　対象期間のうち最も事業団数の多い 2017（平成 29）年事業団の 1,331 事業のうち、用水供給事業団、簡易事業団、都道府県営事業団、ならびに営業収支比率、資本的収支比率、収益的繰入比率、資本的繰入比率、10 m³ あたり料金が欠損している事業団を削除した 1,209 事業団を対象とする。なお、香川県や県内市町では、人口減少に伴う水道収益の減少、経年劣化が進む水道施設の更新、渇水や地震等の災害への対応、職員の大量退職に伴う技術継承等からため香川県全事業を統合し、2018（平成 30）年 4 月より香川県広域水道企業団を開始している。したがって、2018（平成 30）年前後で水道事業データ数が大きく変わる。

64　Besley & Case（1992）は、投票行動と税設定には、ヤードスティック競争があることを

161

第1に、被説明変数には、各末端給水事業団の財務状況を示す変数として、営業収支比率、資本的収支比率、料金回収率、収益的繰入比率、資本的繰入比率、企業債償還額対減価償却額比率、10 m³ 当たり料金を採用する。水道事業では、将来的の更新投資を想定し、収支バランスを踏まえた健全経営的な視点から、評価基準を設定する必要がある。そこで本節では、老朽化対策が求められるなかで、能率的な経営のもとで、独立採算を原則とする水道事業運営において受水負担が与える影響を評価する。まず、収益的運営と資本的運営を区別して評価を行う。次いで、水道事業では運営するにあたり、財源を、利用者から徴収する料金収入、一般会計からの繰入金、企業債の起債で確保している。用水供給事業団からの受水が、行うか否か、また行うにしても量的に価格的に、これら財政運営に与える影響を検証する。料金設定が給水原価に対して供給単価の割合を表す料金回収率を採用することで、独立採算を原則とする水道事業において、給水に係る費用のうち受水に係る経費が料金収入で賄うことに影響をもたらしていないかを評価する。維持管理費や支払利息等の営業費用に対して給水収益や一般会計繰入で占める割合を表す収益的繰入比率や、水道事業における維持・更新のために積立金、企業債や補助金でどの程度賄えているかを示す資本的収繰入比率に、受水に係る経費が影響を与えているかを検証する。さらに、安定的な自己資金残高の確保に繋がる日常の資金繰りや、災害発生への備えに対して確保している資金繰りを水道事業が行っているが、受水に係る費用によって妨げられていないかを検証するために、収益的繰入比率や資本的繰入比率から検証する。

被説明変数
【収益的収支比率】＝「経常収支比率」
【資本的収支比率】＝「資本的収支比率」
【料金回収率】＝「供給単価」／「給水原価」× 100

　理論的実証的に検証している。Michael & Andreas（2021）は、ドイツの地方公共団体のガバナ数が水道料金に与える影響を検証している。倉本・菅原・塩津（2021）は、京都府内と滋賀県内の市町村の水道料金を取り上げ、水道料金の減免には相互参照行動があることを明らかにしている。

第7章　水道事業の受水負担と財政運営

【収益的繰入比率】＝（「他会計補助金（営業外収益）」＋「他会計繰入金（特別利益）」）／「総収益」× 100

【資本的繰入比率】＝（「他会計出資金」＋「他会計負担金」＋「他会計借入金」＋「他会計補助金」）／「資本的収入」× 100

【企業債償還額対減価償却額比率】＝「企業債償還額対減価償却額比率」

【10 m³ 当たり料金】＝「10 m³ 当たり料金」

　第2に、本節が主眼とする用水供給事業団からの受水による費用負担が、各末端給水事業団の財政運営に与える影響を検証する。説明変数には、受水の有無と受水割合と受水費を採用する。水質、貯留、管路等の構造要因が同じ条件下にあれば、受水を実施していれば（実施していなければ）、もしくは受水割合が大きければ（小さければ）、受水費が高ければ（低ければ）、営業収支比率及び収益的繰入比率に対しては負担が大きい（小さい）が、資本的繰入比率や企業債償還額比率に対しては負担が大きい（小さい）ことが予想される。

受水要因

【受水有無】＝「受水有無」

【受水割合】＝「受水割合」

【受水費】＝「受水費」

　第3に、水道事業の生産性を示す経営要因を採用する。その根拠は以下のとおりである。自事業団の水道料金は、同じような地理条件をもつ周辺事業団とは、水質、貯留、管路において類似の状況にあるために、総括原価方式によってかかる費用が類似である可能性が高い。そこで、料金収入にしめる配水量を示す有収率、水質及び貯留には施設利用率、管路には配水管使用効率を採用する。有収率とは、総配水量のうち料金収入として還元される割合が高い場合、水道料金は低いであろう。施設利用率は、配水能力に対する1日平均配水量の割合が高ければ水道料金が低く、管路使用率も管路1m当りの配水量が高い場合には、水道料金を抑えられることが予想される。

163

経営要因
　【有収率】＝「有収率」
　【施設利用率】＝「施設利用率」
　【配水管使用効率】＝「配水管使用効率」

　最後に、水道事業における構造要因が与える影響について検証する。本分析では、地理要因として現在給水人口、導送配水管延長、浄水場の設置数、配水池の設置数を採用する。現在の給水人口が少ない（多い）場合、浄水場や配水池の設置数が多い（少ない）場合、または導送配水管延長が長い（短い）場合、水道事業における料金収入が少なく（多く）、施設や管理にかかる費用負担が大きく（小さく）なる傾向が考えられる。その結果、供給原価に対する給水単価が低く（高く）、料金回収率が低下（上昇）する可能性がある。一方で、総収入に占める水道料金収入の割合が低下し、一般会計からの繰入金や企業債の割合が相対的に高くなることで、収益的繰入金や資本的繰入率、企業債償還額比率が上昇（低下）することも考えられる。このような構造的要因の変化が、水道事業の財務状況や運営効率に与える影響を明らかにすることが、本分析の重要な目的となる。

地理要因
　【現在給水】＝「現在給水人口」
　【浄水場設置数】＝「浄水場設置数」
　【配水池設置数】＝「配水池設置数」
　【導送配水管延長】＝「導送配水管延長」

　なお、水道事業における給水提供体制では、用水供給事業からの受水が末端給水事業に対して財政的な負担を伴う一方で、人的・技術的・財政的基盤が脆弱な事業団にとって重要な支援として機能している可能性が考えられる。このため、本分析では、水道事業団全体を対象とするだけでなく、小規模事業団に及ぼす影響についても詳細に検討を行う。本節で使用する変数の記述統計は表 7.4 に示す。

第 7 章　水道事業の受水負担と財政運営

表7.4　記述統計

パネル A　全標本数

項目名	単位	標本数	平均	標準偏差	最小値	最大値
【受水要因】						
受水有無	d	13,572	0.48	0.50	0.00	1.00
受水比率	%	13,572	27.82	36.11	0.00	100.00
受水費	円/m³	13,572	18.68	14.04	0.00	258.91
【財務要因】						
営業収支比率	%	13,572	103.64	19.13	11.70	226.20
資本収支比率	ppm	13,572	43.08	131.55	0.00	4,200.60
料金回収率	%	13,572	101.74	17.88	11.19	676.68
営業繰入費比率	%	13,572	3.66	7.71	0.00	62.92
資本繰入費比率	%	13,572	20.90	30.14	0.00	1,066.79
企業債償還額対減価償却額比率	%	13,572	34.74	25.93	0.00	396.20
10 m³ 当たり料金	円	13,572	1,531.43	513.72	4.00	3,550.00
【経営要因】						
有収率	%	13,572	84.90	8.58	20.30	100.00
施設利用率	%	13,572	59.50	13.00	8.90	109.30
配水管使用効率	m³/m	13,572	17.14	40.08	0.00	4,288.32
【地理要因】						
現在給水人口	千人	13,572	81.88	215.71	0.60	3,762.05
浄水場設置数	個数	13,572	4.71	7.48	0.00	91.00
導送配水管延長	千 m	13,572	503.67	730.05	0.00	9,446.55
配水池設置数	個数	13,572	20.87	29.35	0.00	335.00

パネル B　受水要因の推移

2011 年	単位	標本数	平均	標準偏差	最小値	最大値
受水有無	d	1,131	0.48	0.50	0.00	1.00
受水比率	%	1,131	27.23	35.44	0.00	100.00
受水費	円/m³	1,131	15.80	20.19	0.00	161.53
2012 年	単位	標本数	平均	標準偏差	最小値	最大値
受水有無	d	1,131	0.47	0.50	0.00	1.00
受水比率	%	1,131	27.33	35.66	0.00	100.00
受水費	円/m³	1,131	14.51	9.85	0.85	92.78
2017 年	単位	標本数	平均	標準偏差	最小値	最大値
受水有無	d	1,131	0.48	0.50	0.00	1.00
受水比率	%	1,131	27.92	36.23	0.00	100.00
受水費	円/m³	1,131	18.77	12.94	0.86	164.26
2022 年	単位	標本数	平均	標準偏差	最小値	最大値
受水有無	d	1,131	0.4827586	0.4999237	0	1
受水比率	%	1,131	28.28794	36.56907	0	100
受水費	円	1,131	22.84468	15.99005	0.81	258.91

出典）総務省「地方公営企業年鑑：水道事業」の 2011～2022 年（平成 23～令和 4 年）個票データをもとに作成

4．推計結果

　本節では、用水供給事業団からの受水が末端給水事業団の財政運営に与える影響を明らかにする。その結果を表7.5に示している。パネルAでは、事業団の収入と支出の動向を表す収益的収支比率と、一時点の貯蓄と負債の状況を示す資本的収支比率の推計結果を示す。パネルBでは、料金収益を表す料金回収率、一般会計からの収益的繰入比率および資本的繰入比率、企業債の起債状況を示す企業債償還額対減価償却額比率、およびこれら財政運営が10m³あたりの料金水準に与える影響を分析している。

　収益的収支比率の分析では、モデル（1）、（2）、（3）の結果から、受水の有無、受水割合、受水費といった要因が収益的収支比率を有意に低下させることが示された（1%有意水準）。このことは、受水を実施している事業団や、受水割合および受水費が高い事業団では、給水にかかる費用が水道料金収入や他の収入を上回る傾向にあることを示唆している。一方、資本的収支比率に関するモデル（4）、（5）、（6）では、受水要因に対して有意な影響は確認されなかった。

　モデル（7）から（21）では、受水負担が財政運営に与える具体的な影響を分析した。モデル（7）、（8）、（9）の結果から、受水していない事業団に比べ、受水している事業団や受水割合が高い事業団、受水単価が高い事業団では、料金収入で給水費用を賄える割合が低いことが明らかとなった。また、一般会計からの繰入金についても、収益的繰入比率（モデル10、11、12）および資本的繰入比率（モデル13、14、15）のいずれにおいても、受水の有無、受水割合、受水費が有意に高まる要因となっていることが確認された（1〜5%有意水準）。このことは、受水負担が高い事業団ほど、フローおよびストックの両面で一般会計からの繰入依存が増加していることを示している。

　さらに、企業債償還額対減価償却額比率（モデル16、17、18）では、受水している事業団、受水割合が高い事業団、受水費が高い事業団ほど、この比率が有意に上昇する結果となった（1%有意水準）。これらの結果は、用水供給事業団から受水を実施する事業団において、料金収入だけで受水負担を賄うことが困難であり、一般会計からの繰入や企業債による財源確保に依存せざるを得ない可能性が高いことを示している。また、料金水準に関して

166

第 7 章　水道事業の受水負担と財政運営

表 7.5　推計結果
パネル A　収益的収支比率と資本的収支比率

	収益的収支比率			資本的収支比率		
	(1)	(2)	(3)	(4)	(5)	(6)
	受水有無	受水比率	受水費	受水有無	受水比率	受水費
【受水要因】						
受水有無	-7.223**			7.187		
	(1.248)			(12.472)		
受水比率		-0.141**			0.091	
		(0.018)			(0.185)	
受水費			-0.219**			0.136
			(0.011)			(0.107)
【経営要因】						
有収率	0.509**	0.511**	0.463**	-0.360	-0.362	-0.332
	(0.028)	(0.028)	(0.028)	(0.279)	(0.279)	(0.280)
施設利用率	0.088**	0.088**	0.073**	0.286	0.285	0.294
	(0.017)	(0.017)	(0.016)	(0.167)	(0.167)	(0.168)
配水管使用効率	0.002	0.002	0.002	0.003	0.003	0.003
	(0.002)	(0.002)	(0.002)	(0.020)	(0.020)	(0.020)
【地理要因】						
現在給水人口	0.056*	0.062**	0.031	-0.515*	-0.519*	-0.500*
	(0.023)	(0.023)	(0.023)	(0.229)	(0.229)	(0.229)
浄水場設置数	-0.362**	-0.368**	-0.317**	-0.992**	-0.988**	-1.019**
	(0.036)	(0.035)	(0.035)	(0.355)	(0.355)	(0.356)
配水池設置数	-0.176**	-0.184**	-0.171**	-0.013	-0.007	-0.016
	(0.016)	(0.016)	(0.015)	(0.155)	(0.155)	(0.155)
導送配水管延長	-0.001	-0.001	-0.001	-0.004	-0.004	-0.005
	(0.001)	(0.001)	(0.001)	(0.009)	(0.009)	(0.009)
_cons	69.655**	69.666**	76.060**	106.110**	107.363**	103.462**
	(3.358)	(3.331)	(3.284)	(33.570)	(33.332)	(33.357)
標本数	13,572	13,572	13,572	13,572	13,572	13,572
尤度比検定	-48023	-48009	-47807	-79269	-79269	-79268
F 値	477.624	479.919	514.191	7.574	7.569	7.643

備考）数値は回帰係数、括弧内はロバスト標準誤差を表す。なお、** は有意水準 1%、* は同 5% を表す。

167

パネル B　使用料金・繰入金・企業債・料金水準

	料金回収率			収益的繰入比率			資本的繰入比率			企業債現在高対減価償却額比率			$10m^3$ 当たり料金		
	(7)	(8)	(9)	(10)	(11)	(12)	(13)	(14)	(15)	(16)	(17)	(18)	(19)	(20)	(21)
	受水有無	受水比率	受水費	受水有無	受水比率	受水費	受水有無	受水比率	受水費	受水有無	受水比率	受水費	受水有無	受水比率	受水費
【受水要因】															
受水有無	-5.859**			2.964**			2.455			3.166**			38.974**		
	(1.443)			(0.437)			(3.153)			(1.307)			(10.609)		
受水比率		-0.171**			0.083**			0.110*			0.111**			1.026**	
		(0.021)			(0.006)			(0.047)			(0.019)			(0.157)	
受水費			-0.189**			0.039**			0.069*			0.060**			0.844**
			(0.012)			(0.004)			(0.027)			(0.011)			(0.090)
【経営要因】															
有収率	0.511**	0.513**	0.472**	-0.102**	-0.103**	-0.094**	-0.136	-0.137	-0.122	-0.392**	-0.393**	-0.380**	-0.062	-0.072	0.111
	(0.032)	(0.032)	(0.032)	(0.010)	(0.010)	(0.010)	(0.071)	(0.071)	(0.071)	(0.029)	(0.029)	(0.029)	(0.238)	(0.237)	(0.238)
施設利用率	0.112**	0.112**	0.099**	-0.013*	-0.013*	-0.011	0.098*	0.098*	0.102*	-0.034	-0.034	-0.030	-0.585**	-0.585**	-0.532**
	(0.019)	(0.019)	(0.019)	(0.006)	(0.006)	(0.006)	(0.042)	(0.042)	(0.042)	(0.018)	(0.018)	(0.018)	(0.142)	(0.142)	(0.142)
配水管使用効率	0.002	0.002	0.002	-0.000	-0.000	-0.000	-0.009	-0.009	-0.009	-0.002	-0.002	-0.002	0.005	0.005	0.006
	(0.002)	(0.002)	(0.002)	(0.001)	(0.001)	(0.001)	(0.005)	(0.005)	(0.005)	(0.002)	(0.002)	(0.002)	(0.017)	(0.017)	(0.017)
【地理要因】															
現在給水人口	0.020	0.027	-0.002	0.028**	0.024**	0.032**	0.145*	0.140*	0.153**	0.054*	0.049*	0.061*	-0.616**	-0.659**	-0.519**
	(0.026)	(0.026)	(0.026)	(0.008)	(0.008)	(0.008)	(0.058)	(0.058)	(0.058)	(0.024)	(0.024)	(0.024)	(0.194)	(0.194)	(0.194)
浄水場設置数	-0.233**	-0.239**	-0.194**	0.068**	0.071**	0.061**	0.298**	0.302**	0.284**	0.346**	0.350**	0.334**	0.119	0.158	-0.050
	(0.041)	(0.041)	(0.041)	(0.012)	(0.012)	(0.012)	(0.090)	(0.090)	(0.090)	(0.037)	(0.037)	(0.037)	(0.302)	(0.302)	(0.302)
配水池設置数	-0.127**	-0.136**	-0.123**	0.073**	0.077**	0.072**	0.152**	0.157**	0.150**	0.231**	0.236**	0.230**	0.835**	0.887**	0.818**
	(0.018)	(0.018)	(0.018)	(0.005)	(0.005)	(0.005)	(0.039)	(0.039)	(0.039)	(0.016)	(0.016)	(0.016)	(0.132)	(0.132)	(0.132)
導送配水管延長	-0.002*	-0.002*	-0.002*	0.001**	0.001**	0.001**	0.000	0.000	0.000	0.003**	0.003**	0.003**	0.019**	0.020**	0.018*
	(0.001)	(0.001)	(0.001)	(0.000)	(0.000)	(0.000)	(0.002)	(0.002)	(0.002)	(0.001)	(0.001)	(0.001)	(0.007)	(0.007)	(0.007)
_cons	54.330**	55.763**	60.039**	7.679**	7.039**	7.368**	11.170	9.600	9.243	58.071**	56.831**	56.893**	1,517.172**	1,510.497**	1,498.03**
	(3.883)	(3.848)	(3.824)	(1.178)	(1.164)	(1.167)	(8.487)	(8.425)	(8.432)	(3.517)	(3.488)	(3.491)	(28.556)	(28.320)	(28.293)
標本数	13,572	13,572	13,572	13,572	13,572	13,572	13,572	13,572	13,572	13,572	13,572	13,572	13,572	13,572	13,572
尤度比検定	-49994	-49967	-49873	-33800	-33734	-33766	-60606	-60603	-60603	-48634	-48634	-48636	-77073	-77057	-77033
F値	79.146	81.982	92.285	92.921	100.184	96.692	11.594	11.861	11.913	119.505	121.197	120.951	248.549	250.675	253.881

備考）数値は回帰係数、括弧内はロバスト標準誤差を表す。なお、** は有意水準 1%、* は同 5% を表す。

第 7 章 水道事業の受水負担と財政運営

も、受水負担が高い事業団ほど料金水準が高くなる傾向が明らかとなった（1% 有意水準）。

経営要因については、有収率が料金回収率に正の有意な影響を与える一方で、収益的繰入比率や企業債償還額対減価償却額比率には負の有意な結果を示した（1% 有意水準）。すなわち、料金収入が総配水量に対して高い事業団では、料金収入によって日常の経費を賄い、一般会計からの繰入依存度や企業債への依存度が低いことが示唆された。また、施設利用率が高い事業団では、収益的繰入比率や 10 m³ あたり料金に負の有意性が、料金回収率には正の有意性が確認された（1～5% 有意水準）。一方、資本的繰入比率には正の有意性が認められた（5% 有意水準）。地理要因では、現在の給水人口が収益的繰入比率や資本的繰入比率、企業債償還額対減価償却額比率に正の有意性を示す一方で、10 m³ あたり料金には負の有意性を示した（1% 有意水準）。さらに、浄水場設置数や配水池設置数、導送配水管延長が料金回収率に負の有意性を示し（1～5% 水準）、収益的および資本的繰入比率には正の有意性を示した（1～5% 水準）。これらの結果から、施設規模や配水網の拡大が費用負担を増加させる一方で、料金収入がこれに追いつかない場合、一般会計からの繰入や企業債依存が増加しやすいことが示された。以上の分析結果は、用水供給事業団からの受水負担が料金水準を含む財政運営に大きな影響を与えていることを示している。

本節の分析結果から、用水供給事業から受水を行い、その受水割合や受水単価が高い末端給水事業団では、料金回収率が低下する傾向が見られる一方で、収益的繰入金や資本的繰入比率が上昇していることが明らかとなった。このことは、末端給水事業団が用水供給事業団からの受水に依存している場合、特に受水割合が高い場合、収益的費用を賄うために水道料金収入ではなく、一般会計からの繰入金に大きく依存する可能性が高いことを示唆している。

確かに、受水を行うことで企業債償還に必要な資本的収入や補填財源を抑え、企業債の償還能力が向上する側面も存在する。しかしながら、収益的繰入金のみならず資本的繰入金においても、一般財源からの繰入額への依存が顕著であり、用水供給と末端給水の二重構造が末端給水事業団の財政運営に深刻な影響を与えていると言える。結果として、取水から配水までの一連の用水供給事業と末端給水事業を統合する必要性が浮き彫りとなる。

169

用水供給事業と末端給水事業の統合には、以下のような利点があると考えられる。まず、既存の管路が連結していることを活かし、水源から給水栓までの一元管理を実現することで、水質管理の精度が向上する点が挙げられる。また、浄水場などの施設の共同設置や保守点検業務の一体化、水質検査や情報システムの統合といった形で、運営効率が大幅に向上する可能性がある。

　このような広域化には多様な類型が存在する。具体的には、用水供給事業と末端給水事業の垂直統合、浄水場などの施設の共同利用、施設管理業務の共同化、さらには水質管理や情報システムの一体化が挙げられる。地域ごとの実情に応じて適切な形態を選択することが重要であり、この点については足立・篠崎（2022）による広域化と料金改定に関する分析が参考となる。したがって一元管理の導入が料金改定に及ぼす影響についても慎重に検討すべきである。

　実際に垂直統合を行った事例としては、岩手中部水道企業団と香川県広域水道企業団が挙げられる。岩手中部水道企業団は、2014（平成26）年4月に用水供給を担っていた岩手県中部広域水道企業団と、北上市、花巻市、紫波町の2市1町の末端給水事業を統合し、新たに事業を開始した。一方、香川県では、2017（平成29）年までに水道用水供給事業2事業、上水道事業16事業、工業用水道事業1事業、簡易水道事業13事業を県、8市、8町が統合し、香川県広域水道企業団を設立。2018（平成30）年4月から上水道事業と工業用水道事業を一体化して事業を開始している[65]。

　少子高齢化による水道需要の変化や人口減少に伴う料金収入の減少により、水道事業の経営環境はますます厳しさを増している。こうした中で、持続可能な水道事業を実現するためには、用水供給事業と末端給水事業の一元管理の導入を真剣に検討することが重要である。これにより、効率的かつ安定的な運営を目指し、将来にわたる水道サービスの維持と改善を図るべきである。

65　香川県は2018（平成30）年以降、香川県広域水道企業団と直道町簡易水道事業団で構成されている。直道町以外の簡易水道事業は2018（平成30）年までに統廃合を実施した。

最終章 | 結論と提言

1．地方公営企業の財源と給付の政策評価

　日本の水道管網が抱える問題は、単なる老朽化ではない。それは、私たちの暮らしを支える基盤が静かに、しかし確実に崩れつつあるという警告である。日本水道協会の試算によると、現在の維持・更新ペースでは 2050（令和 22）年までに約 6 割の水道管が法定耐用年数を超える。これは、目を背けることのできない未来の現実であり、私たちはこの挑戦に立ち向かわなければならない。

　高度経済成長期に集中的に整備された我が国の社会資本ストックは、いままさに老朽化のピークを迎えている。地方公営企業が運営する公共インフラにおいては、人口減少による需要の縮小、料金収入の低迷、そして維持費の高騰が複雑に絡み合い、施設の持続的な運営が危機的状況に陥っている。さらに、新型コロナウイルス感染症（COVID-19）の影響は、財政状況を一層悪化させた。このような状況下で、施設の適正規模の維持、料金体系の見直し、そして効率的な事業運営の実現が不可欠である。

　本書では、地方公営企業が運営する水道事業、下水道事業、病院事業に焦点を当て、それぞれが直面する課題と、その解決策を深掘りしていく。適正規模への縮小、広域化や民営化などの費用削減策を通じ、独立採算の原則に基づく料金設定の重要性を明確にする。

　総括原価方式は、事業者が過大な利益や損失を回避するための合理的な仕組みであるが、費用逓減産業である公営企業では地方公共団体からの多額の繰入金に依存している。この仕組みが、場合によっては事業運営の効率性を阻害する可能性がある。また、施設の維持や更新に必要な資金は、料金収入や一般会計からの繰入金、企業債の発行で賄われるが、これらすべてが限界に達している状況である。

　第 1 部では料金設定について論じる。第 1 章では、公共料金の背景を掘り下げ、総括原価方式の利点と限界を整理する。第 2 章では、少子高齢化と人口減少がもたらす水道需要の変化を分析し、新たな料金設定モデルとし

171

てヤードスティック方式やプライスキャップ方式の導入可能性を示す。

　第2部では、経費負担の原則と一般会計からの繰入金に焦点を当てる。第3章では、病院事業における診療報酬と政策医療の役割を解明する。第4章では、下水道事業における汚水処理費用と雨水処理費用の分担を詳述し、基準内外繰入が経営に及ぼす影響を統計的に検証する。

　第3部では、広域化と民営化の可能性を検討する。第5章では、広域化の成功事例を通じて、小規模事業体が直面する課題への解決策を提示する。第6章では、民営化の実例を挙げ、官民連携の成功要因を具体的に分析する。効率化と持続可能性の観点から、これらの手法がもたらす影響を詳細に論じる。第7章では、水道事業の収支に直接的な影響を与える用水供給事業と末端給水事業の統合を検証する。推計結果から、末端給水事業団が用水供給事業団から受水を行う場合、受水割合が高いほど一般会計からの繰入金への依存が強まることが明らかになった。

　本書の目的は明確である。第一に、将来を見据えた効果的な施設管理と適正な料金水準の実現に向けたエビデンスを提供すること。第二に、得られた知見を広く共有し、地方公営企業が抱える社会資本ストックに関する知識を向上させることで、効率的な経営改善を促進することである。この挑戦を共に考え、未来のライフラインを守るための具体的な行動へとつなげていきたい。

2．ポスト「公共施設総合管理計画」の指針

　公共施設の老朽化は、我が国における喫緊の課題である。これに加え、頻発する地震や豪雨といった自然災害への対応も避けては通れない問題である。たとえば、能登半島地震では道路や公共施設が甚大な被害を受けただけでなく、河川やダムにも影響が及び、新潟県を含む4県が管理する43水系72河川では護岸の損傷や堤防のひび割れが確認された。このような災害が生じるたびに、適切な修繕や補修が行われなければ、災害時のリスクはさらに高まり続ける。しかし、地方公共団体の多くは予算や人手に限りがあり、修繕が必要な橋梁の6割が未着手という深刻な状況に直面している。

　こうした状況を踏まえ、高度経済成長期に建設された公共施設が更新の時期を迎えた2013（平成25）年に、政府は「インフラ長寿命化基本計画」

を策定した。この計画は、インフラの維持管理や更新に関する中期的な方向性を示すものであり、個別施設ごとに具体的な対応方針を定める「個別施設計画」の策定を求めた。その後、2014（平成 26）年から 2016（平成 28）年にかけて、総務省は地方公共団体に対して「公共施設等総合管理計画」の策定を要請した。この計画は、公共施設の現状を包括的に把握し、長期的な視点で更新・統廃合・長寿命化を計画的に進めるための基本方針を定めるものである。しかし、現実には多くの地方公共団体でこれらの計画が形骸化している。施設面積の削減目標が掲げられているものの、それは現実的な数値というよりも、財政的に持続可能な水準を達成するための理想的な目安に過ぎない。人口減少と老朽化が進む中、すべての施設を維持・更新することは明らかに不可能であり、一つの地方公共団体が全ての施設を自前で保有するという従来のモデルはもはや限界を迎えている。平成の大合併において、公共施設の共有を十分に議論しなかったことが、現在の問題をさらに悪化させた一因でもある。

　公共施設の適正化には、長寿命化、用途転用、複合化・多機能化、広域化、指定管理者制度の導入、PPP（官民連携）といった多様な手法が求められる。特に過疎地域を抱える自治体では、こうした取り組みが積極的に進められているが、都市部においても同様に対策が急がれる状況にある。施設の統廃合を進めるにあたっては、不便になる住民への理解を得ることが課題であり、短期的な利益を優先する姿勢が将来世代に負担を先送りするリスクを高めている点にも留意が必要である。老朽化した施設を維持し続けるコストを削減すれば、人口減少が進む地域での産業振興や移住促進といった他の施策に予算を充てることが可能になる。2014（平成 26）年に総務省は地方公共団体に対し、統廃合や民間売却などの方針を盛り込んだ公共施設管理計画の策定を求めるとともに、「公共施設等適正管理推進事業債」を用意した。これにより、壊すことも公共事業の一環として位置付け、自治体がまちづくりを進めるための財源を確保する道が開かれた。福岡県飯塚市では、学校施設の老朽化対策として、小中一貫校の建設を通じた施設の集約化を進め、児童・生徒数の減少を見越した持続可能な教育環境の整備を行っている。

　さらに、組織の再編も避けてはならない課題である。多くの自治体では、公共事業の点検や修繕が個別に発注されており、同一自治体内でも道路、上下水道、河川、公園といった管理が縦割りで行われている。全国の道路や橋

梁では5年に1度の点検が義務付けられているが、技術系職員の不足が深刻な問題となっている。全市町村の約25%では技術系職員が1人も確保できていない現状があり、その結果、修繕が必要と判断された施設が放置されるケースも少なくない。こうした状況を改善するため、国土交通省は「地域インフラ群再生戦略マネジメント（群マネ）」を推進している。この取り組みでは、複数の地方公共団体が広域的にインフラを管理するモデル事業として広島県や和歌山県を選定し、効率的なインフラ運営を実現するための先進的な事例を構築している。

　また、技術革新の進展がこの問題の解決に新たな可能性をもたらしている。人工知能（AI）や地理情報システム（GIS）の活用によって、公共施設の統廃合案を評価し、防災や都市計画における最適な選択肢を提案するシステムが開発されている。たとえば、地震被害予想サービスでは、ハザードマップや人口予測データをGISと統合し、公共施設の状況を視覚的に把握できるようにすることで、災害対応の迅速化やコスト削減に貢献している。さらに、ドローンによる空撮とGISの統合により、浸水被害エリアの特定や救助計画の策定が効率化されるなど、災害対応能力が大幅に向上している。

　公共施設の適正管理と持続可能なインフラ整備は、地方公共団体と国が協力して取り組むべき最重要課題である。未来を見据え、効率的で住民に優しい公共インフラの構築に向けた具体的な行動が今求められている。

3．まとめ

　大規模な修繕には莫大な費用がかかる。新設需要が減少する中で、複数の公共施設を維持・更新するためには、財政的視点だけでなく、都市計画や社会経済的視点を統合した再構築が求められている。集約化や複合化、長寿命化、適正管理といった戦略的施策は、災害頻発時代における必須の対応である。しかしながら、国や地方自治体のインフラ整備予算は限られており、公共施設の維持・更新は遅々として進んでいない。一方で、今後施設需要が低下する中、統廃合が不可避とされ、効率的なインフラ運用が急務となっている。このような状況下で、各地方公共団体は施設の有効活用を図りつつ、市場を維持し地域を活性化させるための具体的なソリューション提案を強化す

最終章　結論と提言

る必要がある。

　COVID-19 が引き起こした世界的な供給網の混乱を受け、国は国内生産拠点の整備を進め、産業インフラの安定化に向けた取り組みを加速している。多くの公共インフラは 1950（昭和 25）年代後半以降に稼働を開始したものであり、その維持・更新には莫大なコストがかかる。このため、地方公共団体は定期的な点検や補修を通じて施設の長寿命化を進めてきた。2023（令和 5）年 10 月に施行された「改正地域公共交通活性化再生法」は、これまでの存続を前提とした地域交通の考え方から、廃線を含む再構築の議論へと大きく舵を切った。例えば、岡山県と広島県を結ぶ芸備線では、沿線自治体が鉄道による経済波及効果を分析し、公的資金投入の是非を慎重に検討している。

　公共サービスを民間企業に委ねる動きも広がりを見せている。これまでは地方公共団体が民間委託に慎重であり、また企業側もメリットが薄いと考えられていたため、この分野の進展は限定的だった。しかし、人口減少や財政逼迫の中で公共サービスの維持が困難となる中、地方公共団体と企業がリスクを分散する新しい手法が注目されている。その一例がコンセッション方式である。この方式では、施設の所有権を地方公共団体が保持しつつ、民間企業がサービス提供を担い、その対価を受け取る仕組みとなっている。ただし、経営合理化に伴う値上げへの懸念や、施設運営に関わる規制が民間企業の参入障壁となる課題も残されている。

　一方、海外では人工知能（AI）を活用した自動制御が進んでおり、最小限の人員で施設の不具合防止や水量調整を実現するシステムが普及している。資金調達の面でも、ファンドマネーの流入がセカンダリー市場を活性化し、インフラ運営の効率化を後押ししている。国内では、三菱商事がインフラファンドを設立し、幅広い投資家から資金を集める試みを始めている。

　また、独自の技術やサービスで成長を目指すスタートアップ企業が全国的に増加している。地方創生やグリーントランスフォーメーション（GX）の推進、さらには国土強靱化を目的とした社会基盤整備が進む中で、地方公共団体と企業の連携が加速している。例えば、土浦市は NTT ドコモや NTT コミュニケーションズと協力し、情報通信技術（ICT）を活用して市民サービスを向上させると同時に、行政事務の効率化を図っている。また、KDDI は総務省の「地域活性化起業人制度」を活用し、新潟県三条市に DX 人材

175

を派遣し、デジタル変革を推進している。

　未来のまちづくりにおいては、官民連携の更なる進化が欠かせない。人口動態の変化を正確に捉え、行政組織のスリム化を進めるとともに、経営意識を取り入れた業務の効率化が求められている。行政と企業が一体となり、持続可能で活力ある地域社会を築くためには、具体的な行動計画を策定し、実行していく必要がある。これこそが、次世代に向けた真の地方創生を実現する鍵となる。

参考文献[66]

Adachi, Y., Iso, H., Shen, J., Ban, K., Fukui, O., Hashimoto, H., Nakashima, T., Morishige, K., and Saijo, T. Impact of specialization in gynecology and obstetrics departments on pregnant women's choice of maternity institutions. Health Economics Review. 2013, vol.3, no.1, 1-11.

Alonso, J. M., Clifton, J., and Díaz-Fuentes, D. Public private partnerships for hospitals: Does privatization affects employment? Journal of Strategic Contracting and Negotiation. 2016, vol.2, no.4, 313-325.

Bardhan, P. Decentralization of governance and development. Journal of Economic perspectives. 2002, vol.16, no.4, 185-205.

Besley, T., and Case, A. Incumbent behavior: Vote seeking, tax setting and yardstick competition. 1992.

Brekke, K. R., Siciliani, L., and Straume, O. R. Hospital mergers with regulated prices. The Scandinavian Journal of Economics. 2017, vol.119, no.3, p.597-627.

Capps, C., Dranove, D., and Ody, C. The effect of hospital acquisitions of physician's practices on prices and spending. Journal of health economics. 2018, vol.59, p.139-152.

Cooper, Z., Craig, S. V., Gaynor, M., and Van Reenen, J. The price isn't right? Hospital prices and health spending on the privately insured. The Quarterly Journal of Economics. 2018, vol.134, no.1, p.51-107.

Cui, C., Liu, Y., Hope, A., and Wang, J. Review of studies on the public-private partnerships (PPP) for infrastructure projects. International Journal of Project Management. 2018, vol.36, no.5, p.773-794.

Gowrisankaran, G., Nevo, A., and Town, R. Mergers when prices are negotiated: Evidence from the hospital industry. American Economic Review. 2015, vol.105, no.1, p.172-203.

Guerrini, A., Romano, G., Campedelli, B., Moggi, S., and Leardini, C. Public vs. Private in Hospital Efficiency: Exploring Determinants in a Competitive Environment. International Journal of Public Administration. 2018, vol.41, no.3, p.181-189.

McIntosh, N., Grabowski, A., Jack, B., Nkabane-Nkholongo, E. L., and Vian, T. A public-private partnership improves clinical performance in a hospital network in Lesotho. Health Affairs. 2015, vol.34, no.6, p.954-962.

Meran, G., Siehlow, M., and von Hirschhausen, Water tariffs. In The Economics

---

66　本書籍の参考文献は SIST（科学技術情報流通技術基準）に従って記述する。

of Water: Rules and Institutions. 2012, p.123–184. Springer Nature.

Michael Hellwig, and Andreas Polk. Do political links influence water prices? Determinants of water prices in Germany. Utilities Policy, 2021, vol.70, no.101184.

Mizutani, F. and Urakami, T. Identifying network density and scale economies for Japanese water supply organizations. Papers in Regional Science. 2001, vol.80, no.2, p.211–230.

OECD. Pricing water resources and water and sanitation services. OECD studies on water. 2010.

O'Neill, L., Rauner, M., Heidenberger, K., and Kraus, M. A cross-national comparison and taxonomy of DEA-based hospital efficiency studies. Socio-Economic Planning Sciences. 2008, vol.42, no.3, p.158–189.

Phillips, M. A. Inefficiency in Japanese water utility firms: a stochastic frontier approach. Journal of Regulatory Economics. 2013, vol.44, no.2, p.197–214.

Roos, A. F., Croes, R. R., Shestalova, V., Varkevisser, M., and Schut, F. T. Price effects of a hospital merger: Heterogeneity across health insurers, hospital products, and hospital locations. Health economics. 2019, vol.29, no.9, p.1130–1145.

Tiemann, O., Schreyögg, J., and Busse, R. Hospital ownership and efficiency: A review of studies with particular focus on Germany. Health Policy. 2012, vol.104, no.2, p.163–171.

Urakami, T. Economies of vertical integration in the Japanese water supply industry. Jahrbuch für Regionalwissenschaft. 2007, vol.27, no.2, p.129–141.

Urakami, T. and Tanaka, T. Economies of scale and scope in the Japanese water industry. 2009, 4th International Symposium on Economic Theory, Policy and Applications, 2009 August.

Urakami, T., and Parker, D. The effects of consolidation amongst Japanese water utilities: A hedonic cost function analysis. Urban Studies. 2011, vol.48, no.13, p.2805–2825.

Zhang, X., Tone, K., and Lu, Y. Impact of the Local Public Hospital Reform on the Efficiency of Medium-Sized Hospitals in Japan: An Improved Slacks-Based Measure Data Envelopment Analysis Approach. Health services research. 2018, vol.53, no.2, p.896–918.

Zschille, M. Consolidating the water industry: An analysis of the potential gains from horizontal integration in a conditional efficiency framework. Journal of Productivity Analysis. 2015, vol.44, no.1, p.97–114.

Zschille, M. Cost structure and economies of scale in German water supply. DIW Berlin Discussion Paper, 2016, vol.1576.

足立泰美. 自治体病院経営の効率性 —医療機関の機能分化と地域医療連携. 会計検査研究. 2013, vol.4, p.169–180.

足立泰美. 人口減少社会を見据えた水道事業の財源確保とサービス提供：経営効率化を目指した広域化と民営化. 公営企業. 2017, vol.49, no.5, p.4–17.

足立泰美. 公立病院事業再編と財政措置. 地方財政. 2019, vol.58, no.9, p.4–13.

足立泰美. 論説：下水道事業における財政措置のあり方：価格設定と広域化・共同化からの検討. 公営企業. 2019, vol.51, p.4–15.

足立泰美. 公共事業における料金決定と適正な価格体系. 公営企業. 2021a, vol.53, no.9, p.4–13.

足立泰美. 水道料金体系における戦略的相互依存関係：実証的検証. 地方分権に関する基本問題についての調査研究会・専門分科会報告資料. 2021b, https://researchmap.jp/Adachi_Yoshimi/?lang=japanese, (参照2024-11-10)[67].

足立泰美, 篠崎剛, 齊藤仁. 水道料金体系における戦略的相互依存関係. 地方分権に関する基本問題についての調査研究会・専門分科会報告書. 2021c, p.52–71[68].

足立泰美, 篠崎剛. 用水供給事業体制における受水負担が与える末端給水事業団の料金設定.

地方分権に関する基本問題についての調査研究会・専門分科会報告書. 2022a, p.3–48.

足立泰美. 用水供給事業体制における料金設定と財務評価. 甲南経済学論集. 2022b, vol.62, no.3・4, p.69–92.

足立泰美. 地方公営企業の公定価格と会計制度. 日本財政学会第80回大会報告資料. 2023.

足立泰美. 地方公営企業の使用料金設定と経費負担の原則. 公営企業. 2024, vol.55, no.11, p.4–11.

67　当該研究は、明確に担当が決められ、単独で、分析、報告、執筆した内容を統合したものである。2020（令和2）年9月7日に筆者のもとに、京都産業大学の菅原宏太教授より当該研究の依頼を頂戴し、2017（平成29）年度の単年度のデータを収集し、データクリーニング、プログラム作成、分析、執筆等の一連の実証部分を単独で進めてきた。足立が導出した実証部分の予備的結果に対して理論モデルの構築を、同年10月17日より東北学院大学の篠崎剛教授が単独で行うことになる。同年12月23日より和歌山大学の齊藤仁准教授が先行研究の実証部分を担当することとなる。2021（令和3）年9月3日に先行研究を齊藤仁准教授が単独で報告したのち、理論部分を篠崎剛教授が単独で報告を行う。同年11月5日に理論部分を篠崎剛教授が再度報告を行い、実証部分を筆者が単独で報告を行った。足立（2021b）は、実証部分の報告資料である。

68　本報告書は、京都産業大学の菅原宏太教授の提案のもと、明確に担当を決め、2017（平成29）年度の単年度データを使用し、政治的要因と水道料金の水準にヤードスティック競争があるかを検証した研究である。そのプロセスは前脚注で示した通りである。本報告書は、担当部分に応じて、各自が報告内容に従って、単独で執筆し、それらを統合したものである。

足立泰美. 公立病院の経費負担の原則と経営強化. 地方財政. 2024, vol.63, no.3, p.4-16.

足立泰美. 地方公営企業の財源保障検証：独立採算の原則と経費負担の原則. 2024年9月14日「財政班研究会」報告資料. 2024.

足立泰美, 藩俊毅, 森重健一郎. 産婦人科集約に伴う妊婦の施設選択行動の分析：地理的空間的要因・施設要因・社会的経済的要因の影響. 医療経済研究, 2012, p.18-32.

衣笠達夫. 地方公営企業の経済学. 追手門経済論集. 2010, vol.44, no.2, p.1-60.

石橋賢治. 公立病院改革プランの経営の効率化に影響を与えた要因. 日本医療・病院管理学会誌. 2016, vol.53, no.1, p.7-18.

伊藤元重, 榊原定征, 高橋進, 新浪剛史. 資料生産性の高い社会資本整備実現に向けて〜横断的な取組を促す仕組みの構築を〜（参考資料）（平成29年4月25日）. https://www5.cao.go.jp/keizai-shimon/kaigi/minutes/2017/0425/shiryo_03-2.pdf, （参照2024-11-10）.

EY新日本有限責任監査法人・水の安全保障戦略機構事務局. 人口減少時代の水道料金はどうなるのか？（2024年版）. 2024, https://assets.ey.com/content/dam/ey-sites/ey-com/jajp/news/2024/pdf/ey-japan-news-release-2024-04-24-ja.pdf,（参照2024-11-10）.

宇野二朗. 簡易水道事業に対する財政制度の動向. 保健医療科学, 2022, vol.71, no.3, p.208-215.

浦上拓也. 水道事業における補助金の費用構造に与える影響に関する分析. 商経学叢. 2004, vol.50, no.3, p.553-562.

浦上拓也. 水道事業における広域的統合の経済性の検証. 日本地域学会第44回年次大会セッションC特別セッション地方公共団体・地方公営企業の実証分析報告資料. 2007, 日本地域学会.

浦上拓也. コンポジット費用関数について. 商経学叢. vol.58, no.2, 2011, p.355-365.

太田正. 水道事業をめぐる広域化と民営化の新たな動向と特徴 改正水道法に基づく事業構造の改編を中心として. 水資源・環境研究, 2019, vol.32, no.2, p.35-43.

大谷泰史, 福田治久. 公立病院再編による経営改善効果に関する研究. 日本医療・病院管理学会誌. 2019, vol.56, no.1, pp.17-27.

笠井文雄. わが国水道事業の効率性に関する考察 —サービス品質と外部環境要因を考慮した比較分析. 商学研究科紀要. 2010, vol.71, p.337-350.

梶原健嗣. 水道事業の広域化の歩みと水道法 2018年改正 これまでの広域化/これからの広域化. 水資源・環境研究. 2019, vol.32, no.2, p.57-64.

梶原健嗣. 近代水道行政の歩み 〜水道条例と水道法を中心に〜. 水利科学, 2021, vol.65, no.5, 1-30.

梶原健嗣. 改正水道法によって始まる水道事業の再編：広域化の問題を中心に. 生活協同組合研究, 2022, vol.562, p.5-14.

河口洋行. 医療の効率性測定 —その手法と問題点. 勁草書房. 2008.

河口洋行, 橋本英樹, 松田晋哉. DPCデータを用いた効率性測定と病院機能評価に関す

る研究. 医療と社会. 2010, vol.20, no.1, p.23–34.

倉本宜史. 地方公共団体が水道料金の減免を実施する要因の考察. 公共選択, 2021, vol.76, p.69–87.

倉本宜史, 足立泰美, 齊藤仁. 地方公営企業に関する実証分析の整理；上水道, 公共交通, 病院事業を中心に. 地方分権に関する基本問題についての調査研究会報告・専門分科会, 2020, p.40–161.

倉本宜史, 菅原宏太, 塩津ゆりか. 地方公営企業ガバナンスの政治経済分析. 京都産業大学総合学術研究所所報, 2021, vol.16, p.87–99.

桑原秀史. 水道事業の産業組織 —規模の経済性と効率性の計測—. 公益事業研究. 1998, vol.50, no.1, p.45–54.

公益社団法人 日本水道協会. 下水道使用料算定の基本的考え方 2016年度版, https://www.jswa.jp/2021/09/29/22455/, (参照2024-11-18).

厚生労働省. 官民連携手法の推進について, https://www.mhlw.go.jp/file/05-Shingikai-10601000-Daijinkanboukouseikagakuka-Kouseikagakuka/0000137548.pdf, (参照2024-11-18).

厚生労働省. 水道事業における官民連携について, https://www.mlit.go.jp/common/830003770.pdf, (参照2024-11-18).

厚生労働総. 水道の現状について, https://www.mhlw.go.jp/content/10601000/000476640.pdf, (参照2024-11-18).

厚生労働省. 水道料金の適正化について, https://www.mhlw.go.jp/file/05-Shingikai-10601000-Daijinkanboukouseikagakuka-Kouseikagakuka/0000132309.pdf, (参照2024-11-11).

厚生労働省. 地域医療構想に関するワーキンググループ, https://www.mhlw.go.jp/stf/newpage_05350.html, (参照2024-11-11).

厚生労働省. 地域医療構想調整会議における検討状況等調査の報告, https://www.mhlw.go.jp/content/10800000/001100421.pdf, (参照2024-11-11).

厚生労働省. 水道事業におけるアセットマネジメント(資産管理)に関する手引き, https://www.mhlw.go.jp/za/0723/c02/c02-01.html, (参照2024-11-18).

神戸市. 専門部会のまとめ, https://www.city.kobe.lg.jp/documents/68533/103_tousinbessatu.pdf, (参照2025-11-18).

国土交通省. 下水道事業における事業マネジメント実施に関するガイドライン2024年版, https://www.mlit.go.jp/mizukokudo/sewerage/content/001754848.pdf, (参照2024-11-18).

国土交通省. 広域化・共同化計画策定マニュアル. https://www.mlit.go.jp/mizukokudo/sewerage/content/001475306.pdf, (参照 2024-11-17).

国土交通省. 国土交通省のPPP/PFIへの取り組みと案件形成の推進, https://www.mlit.go.jp/common/001090778.pdf, (参照2024-11-18).

国土交通省. 総力戦で取り組むべき次世代の「地域インフラ群再生戦略マネジメント」

～インフラメンテナンス第2フェーズへ～提言の手交について, https://www.mlit.go.jp/policy/shingikai/s201_menntenannsu01.html,（参照2024-11-11）.

国土交通省. 今後の社会資本整備の方向性, https://www.mlit.go.jp/policy/shingikai/content/001764883.pdf,（参照2024-11-18）.

国土交通省. 令和2年度水道事業の統合と施設の再構築、水道基盤強化に向けた優良事例等調査一式（広域連携及び官民連携の推進に関する調査）, https://www.mlit.go.jp/common/830006464.pdf,（参照2024-11-18）.

国土交通省. 令和4年版 日本の水資源の現況. https://www.mlit.go.jp/report/press/water02_hh_000151.html,（参照 2024-11-17）.

国土交通省. リスク管理型の水の安定供給に向けた水資源開発基本計画のあり方, https://www.mlit.go.jp/policy/shingikai/water02_sg_000074.html,（参照 2024-11-18）.

財務省. 社会資本整備, https://www.mof.go.jp/about_mof/councils/fiscal_system_council/sub-of_fiscal_system/proceedings_sk/material/zaiseisk20221019/01.pdf,（参照2024-11-11）.

財務省. 社会保障, https://www.mof.go.jp/about_mof/councils/fiscal_system_council/sub-of_fiscal_system/proceedings/material/zaiseia20241113/01.pdf,（参照 2024-11-18）.

消費者庁. 公共料金等専門調査会報告：消費者参画の機会、料金の適正性の確保に向けて, https://www.cao.go.jp/consumer/doc/kokyoryokin_houkoku2-3.pdf,（参照2021-9-9）.

消費者庁. 公共料金の改定状況, https://www.caa.go.jp/policies/policy/consumer_partnerships/price_measures/utility_charges_003/,（参照2024-11-18）.

消費者庁. 公共料金に関する研究会報告書 公共料金の決定の在り方について, https://www.cao.go.jp/consumer/history/02/kabusoshiki/kokyoryokin/doc/002_130222_sankou.pdf,（参照2021-9-9）.

消費者庁. 第59回公共料金等専門調査会 説明資料, https://www.cao.go.jp/consumer/kabusoshiki/kokyoryokin/doc/059_200131_shiryou2.pdf,（参照2021-9-9）.

菅原宏太. 地方公営企業の行動原理についての理論的整理. 地方分権に関する基本問題についての調査研究会報告書・専門分科会報告書. 2019, p.1–39.

菅原宏太. 用水供給事業普及による料金平準化：水道事業における上下分離方式の導入. 地方財務協会編. 2021, vol.60, no.12, p.4–15.

菅原敏夫. 地方公営企業会計制度の変更. 自治総研. 2013, vol.39, no.412, p.24–48.

鈴鹿市上下水道. 鈴鹿市上下水道事業経営戦略の 策定と料金・使用料の改定について, https://www.jfm.go.jp/support/development/training/seminar/uit9ki000000036u-att/03.pdf,（参照2024-11-18）.

総務省. 雨水事業と汚水事業に係る収支の区分け, https://www.soumu.go.jp/main_

content/000625060.pdf, (参照2024-11-17).

総務省. 経営形態見直しに当たっての課題と対応, https://www.soumu.go.jp/main_sosiki/kenkyu/chiikiiryou_kakuho/index.html, (参照2024-11-11).

総務省. 経営戦略策定ガイドライン改訂版(全体版), https://www.soumu.go.jp/main_sosiki/c-zaisei/kouei_ryui.html, (参照2024-11-11).

総務省. 下水道財政のあり方に関する研究会, https://www.soumu.go.jp/main_sosiki/kenkyu/gesuidougyousei_h29/index.html, (参照2024-11-17).

総務省. 下水道事業及び下水道財政の概要, https://www.soumu.go.jp/main_content/000327258.pdf, (参照2024-11-11).

総務省. 下水道事業の現状と課題, https://www.soumu.go.jp/main_content/000973369.pdf, (参照2024-11-11).

総務省. 公営企業各事業における現状と課題及び抜本的な改革における論点・課題, https://www.soumu.go.jp/main_sosiki/kenkyu/koeikigyou/index.html, (参照2024-11-11).

総務省. 公営企業等の現状と課題, https://www.soumu.go.jp/main_content/000604100.pdf, (参照2024-11-11).

総務省, 公営企業の経営戦略の策定等に関する研究会, https://www.soumu.go.jp/main_content/000286186.pdf, (参照2024-11-11).

総務省, 公営企業の経営のあり方に関する研究会報告書, https://www.soumu.go.jp/menu_news/s-news/01zaisei06_02000163.html, (参照2024-11-11).

総務省. 公立病院改革ガイドライン, https://www.soumu.go.jp/main_sosiki/c-zaisei/hospital/guidline.html, (参照2024-11-17).

総務省. 公立病院に係る地方財政措置, https://www.soumu.go.jp/main_content/000654891.pdf, (参照2024-11-17).

総務省. 公立病院の令和5年度地方財政措置等について, https://www.jmha.or.jp/contentsdata/shokaigi/20230112joumurijikai-shiryo01.pdf, (参照2024-11-17).

総務省. 使用料と公費負担, https://www.soumu.go.jp/main_content/000660030.pdf, (参照2024-11-17).

総務省. 人口減少社会等における持続可能な公営企業制度のあり方に関する研究会報告書, https://www.soumu.go.jp/main_content/000745778.pdf, (参照2024-11-11).

総務省. 水道財政のあり方に関する研究会報告書, https://www.soumu.go.jp/main_content/000587995.pdf, (参照2024-11-17).

総務省. 水道事業・先進的取組事例, https://www.soumu.go.jp/main_content/000396240.pdf, 2019, (参照2024-11-11).

総務省. 水道事業についての現状と課題, https://www.soumu.go.jp/main_content/000562829.pdf, (参照2024-11-11).

総務省. ストックマネジメント等に係る他府省の取組, https://www.soumu.go.jp/

main_content/000263250.pdf, (参照2024-11-11).

総務省. 地域医療の確保と公立病院改革の推進に関する調査研究会報告書, https://www.soumu.go.jp/main_content/000532435.pdf, (参照2024-11-11).

総務省. 地方公営企業法の概要及び経営改革の推進に係るこれまでの取組, https://www.soumu.go.jp/main_content/000615868.pdf, (参照2024-11-11).

総務省. 地方公営企業等の現状と課題, https://www.soumu.go.jp/main_content/000773026.pdf, (参照2024-11-17).

総務省. 地方公営企業法の適用に関するマニュアル, https://www.soumu.go.jp/menu_news/s-news/01zaisei06_02000094.html, (参照2024-11-17).

総務省. 地方分権に関する基本問題についての調査研究会報告書・専門部会, https://www.jichi-sogo.jp/wp/wp-content/uploads/2020/04/R1-02-3-bunken-horiba2.pdf? (参照2024-11-11).

総務省. 地方公営企業年鑑 (令和3年4月1日〜令和4年3月31日) 第69集, https://www.soumu.go.jp/main_content/000871769.pdf, (参照2024-11-17).

総務省. 令和4年度地方財政白書, https://www.soumu.go.jp/menu_seisaku/hakusyo/chihou/r04data/2022data/mokuji.html, (参照2024-11-17).

総務省. 平成26年度地方公営企業年鑑, https://www.soumu.go.jp/main_sosiki/c-zaisei/kouei26/index.html, (参照2024-11-17).

総務省. 平成27年度地方公営企業年鑑, https://www.soumu.go.jp/main_sosiki/c-zaisei/kouei27/index.html, (参照2024-11-17).

総務省. 平成28年度地方公営企業年鑑, https://www.soumu.go.jp/main_sosiki/c-zaisei/kouei28/index.html, (参照2024-11-17).

総務省. 平成29年度地方公営企業年鑑, https://www.soumu.go.jp/main_sosiki/c-zaisei/kouei29/index.html, (参照2024-11-17).

総務省. 平成30年度地方公営企業年鑑, https://www.soumu.go.jp/main_sosiki/c-zaisei/kouei30/index.html, (参照2024-11-17).

総務省. 令和元年度地方公営企業年鑑, https://www.soumu.go.jp/main_sosiki/c-zaisei/kouei_R01/index.html, (参照2024-11-17).

総務省. 令和2年度地方公営企業年鑑, https://www.soumu.go.jp/main_sosiki/c-zaisei/kouei_R02/index.html, (参照2024-11-17).

総務省. 令和3年度地方公営企業年鑑, https://www.soumu.go.jp/main_sosiki/c-zaisei/kouei_R03/index.html, (参照2024-11-17).

総務省. 令和4年度地方公営企業年鑑, https://www.soumu.go.jp/main_sosiki/c-zaisei/kouei_R04/index.html, (参照2024-11-17).

高塚直能, 西村周三. 入院医療サービスの生産性評価に用いるアウトプット指標の妥当性評価：一床当たり年間退院患者数と病床利用率の比較. 病院管理. 2006, vol.43, no.2, p.103–115.

高塚直能, 西村周三. オーダリングシステムが病院生産性, 効率性に及ぼす影響の評

価」『医療経済研究. 2008, vol.20, no.1, p.15–33.

佃成槻, 酒井宏治. 水道事業体の経営状況に関する評価指標の検討及び分析. 土木学会論文集G（環境）, 2022, vol.78, no.7, III_165–III_176.

遠山嘉博. 水道料金改定における政治的要素. 公共選択の研究. 1994, vol.1994, no.23, p.5–20.

独立行政法人国際協力機構（JICA）. 日本の水道事業の経験, https://openjicareport.jica.go.jp/pdf/12285276.pdf, （参照2024-11-18）.

内閣府政策統括官. 政策課題分析シリーズ12：公立病院の状況と小規模公立病院の経営課題：持続可能な地域の医療提供体制の確立へ向けて報告書, 2017, http:www5.cao.go.jp/keizai3/2017/08seisakukadai12-0.pdf, （参照2024-11-11）.

中西一. 公立病院の効率性：マルチレベル順序プロビットモデルによる要因分析. 佐賀大学経済論集. 2009, vol.41, no.5, p.1–42.

中山徳良. 自治体病院の技術効率性と補助金. 医療と社会, 2004, vol.14, no. 3, p.69–79.

日本医師会総合政策研究機構.日本の医療のグランドデザイン2030. 2019, p.1–417.

福井市. 福井市水道事業ビジョン2020, https://www.city.fukui.lg.jp/kurasi/suido/sproject/waterworks-vision_d/fil/vision.pdf, （参照2024-11-18）.

福田紫. 官民連携の経済分析 —新しい行政経営の手法 PPP/PFI—. 三菱経済研究所経済研究書. 2020, vol.2020, no.135, p.1–135.

福知山市. 上水道事業等包括的民間委託業務にかかるモニタリングの評価について, https://www.city.fukuchiyama.lg.jp/site/suido/28762.html,（参照2024-11-18）.

南商堯, 郡司篤晃. 医療機関における効率性評価に関する研究 —DEAによる自治体病院の人的資源の効率性評価を中心に—. 病院管理. 1994, vol.31, no.1, p.33–40.

東野定律. 静岡県内の地域包括ケアシステムにおける在宅医療・介護支援整備の取り組み. 保健医療科学, 2016, vol.65, no.2, p.120–126.

日野孝彦, 田村武志, 廣瀬研治, 大谷真史. 大阪広域水道企業団と泉南市・阪南市・豊能町・能勢町・忠岡町・田尻町・岬町との水道事業の統合における施設の最適配置の検討. 水道協会雑誌, 2021, vol.90, no.2, p.23–27.

福岡市. 平成30年度 福岡市包括外部監査の結果報告書, https://www.city.fukuoka.lg.jp/data/open/cnt/3/10693/1/30houkatsu.pdf?20211125142049=,（参照2024-11-18）.

堀場勇夫. 地方公営企業の役割と財政措置 —病院事業を中心として—. 地方財政. 2019, vol.58, no.4, p.4–37.

諸富忠男. 工業用水行政の現状と今後の課題（Ⅱ）. 水利科学. 1966, vol.10, no.4, p.27–55.

森川正之. 病院の生産性-地域パネルデータによる分析. RIETI Discussion Paper Series 10-J-041経済産業研究所. 2010.

山下耕治, 赤井伸郎, 福田健一郎, 関隆宏. 老朽化と料金体系が水道料金に与える影響. フィナンシャル・レビュー, 2022, vol.149, p.202–223.

初出一覧

第1章　足立泰美（2021）「公共事業における料金決定と適正な価格体系」
『公営企業』53(9), 4–13.

第2章　足立泰美（2024）「地方公営企業の財源保障検証：独立採算の原則
と経費負担の原則」2024年9月14日「財政班研究会」報告資料

第3章　足立泰美（2019）「公立病院事業再編と財政措置」『地方財政』58
(9), 4–13.
　　　　足立泰美（2024）「公立病院の経費負担の原則と経営強化」『地方
財政』63(3), 4–16.

第4章　足立泰美（2019）「論説：下水道事業における財政措置のあり方：
価格設定と広域化・共同化からの検討」『公営企業』51(9), 4–15.
　　　　足立泰美（2023）「地方公営企業の公定価格と会計制度」『日本財
政学会第80回大会』報告資料.
　　　　足立泰美（2024）「地方公営企業の使用料金設定と経費負担の原則」
『公営企業』55(11), 4–11.

第5章　足立泰美（2017）「人口減少社会を見据えた水道事業の財源確保と
サービス提供：経営効率化を目指した広域化と民営化」『公営企業』
49(5), 4–17.

第6章　足立泰美（2017）「人口減少社会を見据えた水道事業の財源確保と
サービス提供：経営効率化を目指した広域化と民営化」『公営企業』
49(5), 4–17.

第7章　足立泰美（2022）「用水供給事業体制における料金設定と財務評価」
『甲南経済学論集』62(3・4), 69–92.

あとがき

本書の執筆にあたり、多くの方々から多大なるご支援と貴重なご助言を賜りました。まず、内閣府「計画策定等に関するワーキンググループ」、国土交通省「社会情勢の変化等を踏まえた下水道事業の持続性向上に関する検討会」、総務省「地方分権に関する基本問題についての調査研究会」などの場を通じていただいた知見は、本書の土台を形成するものとなりました。また、三重県、神戸市、尼崎市、宝塚市、加古川市、姫路市、福知山市、吹田市、大津市、阪神企業団が担う水道事業、下水道事業、病院事業などの現場でご協力くださった関係者の皆様に、深く感謝申し上げます。これらのご支援がなければ本書の完成は実現し得ませんでした。

特に、「地方分権に関する基本問題についての調査研究会・専門分科会」においては、堀場勇夫先生（青山学院大学名誉教授）、中井英雄先生（大阪経済法科大学国際学部教授）、井田知也先生（近畿大学経済学部教授）、倉本宜史先生（京都産業大学経済学部教授）、小川光先生（東京大学大学院経済学研究科・公共政策大学院教授）、齊藤仁先生（和歌山大学経済学部准教授）、齊藤由里恵先生（中京大学経済学部准教授）、篠崎剛先生（東北学院大学経済学部教授）、塩津ゆりか先生（京都産業大学経済学部准教授）、菅原宏太先生（京都産業大学経済学部教授）、柳原光芳先生（名古屋大学大学院経済学研究科教授）から多大なるご助言をいただきました。これらの先生方からの示唆に富むご意見と洞察は、本書の方向性を形作る大きな助けとなりました。また、研究会に参加された全ての皆様から寄せられた有益なコメントも、本書をより深い内容にする原動力となりましたことを、この場を借りて心より御礼申し上げます。

さらに、私が大阪大学大学院国際公共政策研究科の赤井伸郎先生、国立国際医療研究センターグローバルヘルス政策研究センター（旧大阪大学大学院医学系研究科社会医学講座）の磯博康先生のもとで学び、公私にわたり温かいご指導を賜ったことは、財政学者としての基礎を築く上で欠かせないものでした。ここに改めて深い感謝の意を表します。

また、甲南大学経済学部において財政学および地方財政の教育と研究に携わる中で、本学部の同僚の先生方から示していただいた励ましと支援に心より感謝申し上げます。この10年という節目に、本書を出版する機会に恵ま

れたことに深い感慨を覚えると同時に、これまでの多くの出会いに感謝の念を抱かずにはいられません。

　本書の編集と出版に際し、多大なご尽力を賜りました大阪公立大学出版会の八木孝司理事長、西本佳枝氏には、心より御礼申し上げます。また、本書は公益財団法人日本証券奨学財団（Japan Securities Scholarship Foundation）「2024年度研究出版助成」を受けており、助成に関わられた全ての関係者の皆様にも深い感謝を申し上げます。この助成とご支援がなければ、本書の刊行は実現しませんでした。

　最後に、日々私を支え、励まし続けてくれた家族に、最も深い感謝の意を捧げます。皆の存在が、私の研究と執筆を支える原動力でした。本書の完成に至るまで、多くの方々に支えられたことに改めて感謝の気持ちを抱き、ここに記させていただきます。本書の内容に関する責任は全て著者に帰するものですが、その背後には多くの方々の温かい支えがあったことを心に刻み、深く御礼申し上げます。

2025年3月

足立　泰美

著者紹介

足立 泰美（あだち よしみ）

甲南大学経済学部教授。大阪大学大学院国際公共政策研究科修士課程修了（国際公共政策修士）、大阪大学大学院医学系研究科博士課程修了（医学博士）。

専門は財政学・公共経済学。特に地方財政や社会保障財政を中心に、持続可能な公共サービスのあり方を探究する。地方公営企業の経営と財政を実証的に分析し、公共インフラの効率的運営や地域経済への影響を考察。

政策立案にも積極的に関与し、内閣府「政府税制調査会」、総務省「公営企業の経営健全化等に関する調査研究会」、国土交通省「地域インフラ群再生戦略マネジメント計画策定手法検討会」「下水道財政のあり方に関する研究会」「都道府県構想策定マニュアル検討委員会広域化・共同化検討分科会」などの委員を多数歴任し、地方インフラの持続可能な運営に向けた提言を行う。さらに、地域マネジメントの実践（群マネ）にも積極的に携わる。

主な著書に、『税と社会保障負担の経済分析』『Tax and Social Security Policy Analysis in Japan』『保健・医療・介護における財源と給付の経済学』『レクチャー＆エクササイズ 地方財政論』などがある。

大阪公立大学出版会（OMUP）とは
本出版会は、大阪の 5 公立大学－大阪市立大学、大阪府立大学、大阪女子大学、大阪府立看護大学、大阪府立看護大学医療技術短期大学部－の教授を中心に2001年に設立された大阪公立大学共同出版会を母体としています。2005年に大阪府立の 4 大学が統合されたことにより、公立大学は大阪府立大学と大阪市立大学のみになり、2022年にその両大学が統合され、大阪公立大学となりました。これを機に、本出版会は大阪公立大学出版会（Osaka Metropolitan University Press「略称：OMUP」）と名称を改め、現在に至っています。なお、本出版会は、2006年から特定非営利活動法人（NPO）として活動しています。

About Osaka Metropolitan University Press (OMUP)
Osaka Metropolitan University Press was originally named Osaka Municipal Universities Press and was founded in 2001 by professors from Osaka City University, Osaka Prefecture University, Osaka Women's University, Osaka Prefectural College of Nursing, and Osaka Prefectural Medical Technology College. Four of these universities later merged in 2005, and a further merger with Osaka City University in 2022 resulted in the newly-established Osaka Metropolitan University. On this occasion, Osaka Municipal Universities Press was renamed to Osaka Metropolitan University Press (OMUP). OMUP has been recognized as a Non-Profit Organization (NPO) since 2006.

地方公営企業の経済学

2025 年 3 月 21 日　初版第 1 刷発行

著　者　　足立　泰美
発行者　　八木　孝司
発行所　　大阪公立大学出版会（OMUP）
　　　　　〒599-8531　大阪府堺市中区学園町 1 － 1
　　　　　大阪公立大学内
　　　　　TEL　072 (251) 6533　FAX　072 (254) 9539
印刷所　　和泉出版印刷株式会社

©2025 by Yoshimi Adachi, Printed in Japan
ISBN 978-4-909933-88-1